子育てがハッピーになる！

子どもが望む“8つのこと”

NPO 法人 全日本育児普及協会 代表理事
佐藤しもん 著

はじめに

子育てと家事で、毎日忙しくされている中、本書を手にしていただき有難うございます。

私は、夫婦共働きで、子どもが生まれる前から、夫婦で協力しあって子育てしようと、妻と話し合って決めていました。そのため二度にわたり育休を取得し、合計して約9ヵ月ですが、育児に専念しました。

二人の子どもを相手にしながら、家事をこなしていくのは大変なことで、体力ばかりでなく気力も必要なことを実感しました。

母親業も父親業も、家庭を守り子どもの命を守る大変な「お仕事」であることに変わりがありません。

しかし現実には、特に母親業については、「して当たり前」と誤解されていて、評価されたり、ほめられたりすることは、ほとんどありません。

毎日繰り返されるこの責任重大な「お仕事」に対して、子育てのパートナーからは、がんばりを認めてもらうことなく、ほめられることもなく、時には周囲からもダメ出しをされてしまいます。


これでは、ストレスも溜まり、家事もイヤになり、子育ても辛く感じてしまいます、これは無理有りません。

こんな時に、パートナーからほめられたり、やさしい言葉をかけられたらどんなに救われることでしょう。


実はこれ、子どもも一緒です。

毎日のように、叱られたり、ダメ出しされていたら、どうなりますか？

たとえば、3歳の子がきちんと挨拶できた時に、その場でほめていますか。

もう3歳だから、できて当たり前と思いそのままですか。

子どもだって、親からほめられたり、認められたいのです。親からもっと共感されたいし、もっとスキンシップがほしいのです。

では具体的にどうすればいいのか。

本書では、今からすぐできる方法を「8つのこと」として紹介しています。子どもが待ち望んでいることばかりです。

この中から一つでも多くのことを子育てに取り入れていただければ、今の子育てが楽になり、楽しくさえなると思います。

子どもは、そんな親の言葉やしぐさに安心して、素直になり、自信をつけ、きっとその子らしく輝いてくれると信じています。

子どもの心を知ることで、子育てのストレスを少しでも減らし、「子育てをして本当に良かった」と思える人を、一人でも増やしたい、そう思ってこの本を書きました。

この本を読まれた方にとって、楽しい子育てライフの手助けとなることを切に願っています。

佐藤しもん

子育てがハッピーになる！　子どもが望む〝8つのこと〟　目次

目次

一章　ほめる・認める

二章　共感する・励ます・質問する

三章　スキンシップ・見守る

四章　絶対の愛・子育てのコツ

序章

子どもが
望んでいる
８つのこと

♥心のバケツを満たす

子どもの心にバケツがある、と想像してみてください。

バケツの水は、ほめられたり、認められたり、スキンシップされたり、親からの愛情を受け取ったりすることで、満たされていきます。逆に、ダメ出しされたり、否定されたり、意地悪されたり、叩かれたり、親から放置されたりすると、バケツの水は減っていってしまいます。

お子さんの心のバケツは、満たされていますか?

子どもの表情、態度、行動から、その子のバケツの状態を、頻繁にチェックしてみてください。バケツが、満たされていれば、子どもは子どもらしく輝いて、俗にいう、手がかからない状態です。

逆に、バケツの中に水があまり溜まっていない状態だと、ぐずったり反抗したりすることで「もっとほしい」と求めてきます。

そしてポイントは、**子どもによってバケツの大きさが違う**、というところです。

大きいからいいとか、小さいから悪いわけではないです。大きさはその子の個性だと思ってください。

バケツが小さい子は、少しほめて認めただけで、いっぱいになりますし、バケツが大きい子は、沢山ほめて認めないといっぱいにならないのです。

まずは、子どものバケツを満たしましょう。

ほめる、認める、共感する、励ます、感謝する、スキンシップをする、などの前向きな行動で、子どものバケツは満たされます。

満たされた子は、その子らしく光り輝きます。そして、本当に手がかかりません。手がかからないので、親が怒る必要もないのです。

子どもは子どもらしく輝いています

まずは、
子どものバケツを満たしましょう

♥本当に望んでいる〝8つ〟のこと

子どもが本当に望んでいるのは、大きく8つあります。この8つの望みを満たすことで、子どもをその子らしく輝かせます。

①ほめる

「スゴイね」「いいね」などの言葉で、良い行動をたたえる。

②認める

「がんばったね」「よくやったね」などの言葉で、プロセスを受け入れる。

③共感する

「そうだったんだね」「嬉しいんだね」などの言葉で、感情を共有する。

④励ます

「大変だったね」「大丈夫」などの言葉で、元気づける。

⑤質問する

「どう思った？」「楽しかった？」などの質問で、相手の考えや気持ちを聞く。

⑥スキンシップ

〈頭をなでる〉〈手を握る〉〈背中を軽くさする〉などの行為で、ふれあう。

⑦見守る（過干渉しない）

子どもの行動にあれこれ口を出さず、無事であるように注意しながら見る。

⑧絶対の愛

何があっても好き、という感情を伝える。

スキンシップは子どもの年齢が10歳ぐらいになったら、子どもの様子をみて、少なくして構いません。他の7つは、年齢に関わらず、子どもが大人になるまで、親からずっと望んでいるものです。

さあ、それでは
これから
子どもの望んでいる
〝8つ〟のことについて
お話をすすめていきます。

8つの望みを満たすことで、
子どもはその子らしく輝きます

一章

ほめる・認める

♥ 1日3回ほめる

1日3回ほめることを目標にします。

一人の子どもに対して、1日3回ほめてください。この3回の中には、**ほめる**以外に**認める**言葉を含めても構いません。

ここで、質問です。

「1日どれぐらい、ほめてますか？」

私が開催している子育て講座では、この質問をすることがとても多いです。参加者の回答の平均は、一人の子に対して0〜1回です。ほめる回数が多い方でも、だいたい2回ぐらいです。

次に、**「1日どれぐらい、ダメっていってますか？」**と聞くと、平均すると5回以上という答えが返ってきます。

つまり、ほめる回数はダメの回数よりだんぜん少ないのです。

大人でも同僚や上司から、ほとんどほめられることなく、1日2回ものダメ出しをされたら、どう思いますか？　そんな状況が毎日続いたら、落ち込んでしまう方も多いのではないでしょうか。

逆に、上司からのダメ出しがなく、「○○さんのおかげで助かったよ。有難う」などと、ほめられたり、感謝された場合は、どうでしょう。

きっと「やった。もっといい仕事をするぞ～」と、さらにヤル気が増して仕事に励むと思います。この事例からもわかるように、

ダメ出しするよりほめた方が、よい結果を生むことが多いのです。

この本では、一人の子に対して、1日3回ほめる、を目標にしています。

「よくがんばったね」や「さすがだね」といった「認める」言葉も、この3回に含めて構いません。

又、年齢や環境によって、目標回数を多少増やしたり減らしたりするのもＯＫです。あくまで基本的に1日3回ほめる、という高めのハードルを、ゆるい気持ちで、めざしてみてください。

なぜ3回なのか、いくつか理由はありますが、1日3回と具体的な数字で目標を持つと、分かりやすく、目標達成しやすいため、というのが大きな理由です。

そして3回であれば、毎日忘れずに簡単に数えることもできると思います。

もちろん3回だけと言わず、もっとほめることができるならば、3回以上ほめて構いません。

そして、たとえ今日1回しかほめることができなくても、焦らなくて大丈夫です。明日、その分多めにほめればいいのです。

平均3回を目標にゆるくチャレンジして、1ヵ月を経た段階で、1日の平均回数が、前月が2回だったのに対し、今月は3回になっていたら大成功です。

1日3回ほめてみよう

ダメ出しするよりほめた方が、よい結果を生むことが多い

♥「ふつう」をほめる

子どもが、普段やっているふつうのことを、ほめます。

「どんなところをほめればいいのか、わからない」とか「ほめるところがない」と思ったら、子どもが普段「ふつう」にやっている行動をほめてください。

子どもがいつもやっているふつうのことってなんでしょう。

たとえば、幼児であれば次のようなことです。

・いつもはいている靴をはいた
・あいさつをした
・毎日通っている幼稚園や保育園に行った

これらはすべて毎日やっているふつうの事かもしれませんが、たとえば次のようにほめてみます。

○「**自分で靴はけたね。さすがだね**」
○「**あいさつできたね。ママは嬉しいよ**」
○「**今日も幼稚園お疲れ〜。休まないでスゴイ**」

こんなのできて当然だ！　当然な事をほめるなんて…と思う方がいるかもしれません。しかし、大人にとってはできて当然なのかもしれませんが、子どもにとっては当然ではない事がたくさんあります。

小さいながらも、子どもは子どもなりに事情があります。たとえば、小さな足で園まで歩くのは大人が思っているより大変だし体力を使います。しかも園では、多くの子と共同生活を送り、子どもながらにお友達や先生に対して気遣いをしていて、精神面でも疲れるわけです。

それでも、毎日休まずに通っている…。これってスゴイことじゃないですか？「当然」という考え方から、ちょっと子ども目線になって視点を変えれば、普段何気なく子どもがやっていることにも、「よくやった」と言えることは多くあります。

あいさつも同様です。コミュニケーションの基本であり、とても大切なあいさつ。大人であるあなたは、毎日あいさつをしていますか？　すれ違う人全員にあいさつをする大人はいません。

なぜなら、大人はあいさつすべき相手を瞬時に見分けることができ、あいさつすべき人にだけあいさつをしているからです。

では小さな子どもはどうでしょう。誰にあいさつをして、誰にはしなくていいのか、まだわからないのです。なので、顔を見て覚えておかなければなりません。忘れてしまっていた場合は、あいさつをしなかったり、思い出すのに時間がかかり、あいさつするタイミングを逃してしまうこともあります。

さて、ここで質問です。

「なんでママは敬太君のママにはあいさつするのに、わかちゃんのパパにはあいさつしないの？」と子どもに聞かれたとき、どう説明しますか？
わかちゃんは3つも上のクラスの子だし、そんなにわかちゃんと近い関係じゃないでしょ、と答えますか？　そうすると、次に近い関係の意味を説明する必要がでてきますね（笑）

そうなのです。あいさつという簡単なことでも、意外にも深く理由があり、子どもがちゃんとできるようになるまで、少し時間や経験が必要なのです。

だから、あいさつを小さな子どもがちゃんとできたとき、**「あいさつできてるね、いいね！」**と言ってほめることは、むしろ自然ではないでしょうか。

「ふつう」をほめて、1日3回ほめることをめざしましょう。

♥ダメ出しは得意、ほめるは苦手

できたことに注目し、ほめる回数を増やします。

左の図をみてください。これは、3歳のトモちゃんのあいさつができた頻度を表したものです。

この図をみて、「7割もあいさつできていないのか、ではあいさつできないときは、あいさつしようね、と注意しなきゃいけないな」と思うかもしれません。それはもちろん間違っていないのですが、問題はできた3割のほうです。できた3割には、なにも言わないのでしょうか?

海外の人に比べると、日本人は、ほめることやほめられることが苦手とされています。もう少し、できた3割に注目して、ほめても良いのではないでしょうか。

ましして、**あいさつのような大事なことは、できたらほめて、できる回数を増やしていく**、という方法をオススメします。

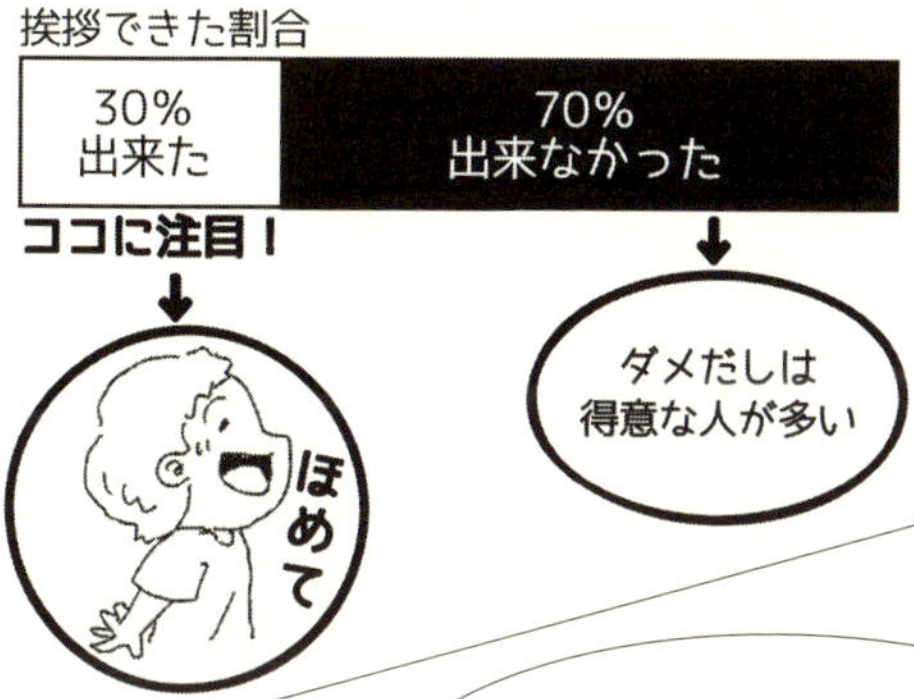

「ふつう」をほめて、1日3回ほめる

♥具体的かつシンプルにほめる

ほめる時は、具体的かつシンプルにほめることを心がけます。

具体的とシンプル。この2つは一見矛盾しているように思うかもしれませんが、子どもの年齢を考慮して、できるだけ短い言葉を使って具体的にほめてみてください。

たとえば、お出かけの際、5歳の子が自分で支度をすませて、靴をはいた時、どうほめますか？

○**「自分で全部用意できたんだね。さすがだね」**

△「スゴイね」

△「エライね」

この3つ、全てほめていることには変わりがないのですが、具体性に差があります。**「スゴイ」**や**「エライ」**は3語で言える簡単なほめ言葉ですが、それだけ言っても、5歳という年齢を考えると、少し不十分で、もったいないかもしれません。

すでにある程度のコミュニケーションが可能な子に対しては、**具体的に何が良かったのか、が伝わるほめ方のほうが、ほめた効果はより大きい**と考えます。

では、同様のケースで子どもが1歳だった場合、どうでしょうか?

言語能力がまだ低い子ども（0~2歳ぐらいの子）に、長々と説明してほめても、通じない場合もあります。

その際は、スゴイね、エライね、と一語文でほめたほうが、効果は大きいといえるでしょう。

シンプルにほめる

具体的に何が良かったのか、をほめる

♥「さすが！」「～のおかげ」はオススメ

認める言葉に入るこの**「さすが」「～のおかげ」**という言葉。使いやすく、効果バツグンです。

「～したんだね、さすがだね」というようにして使うと、言われた方は、認められた、と嬉しくなりますよね。

あなたが、「今日の料理特別においしい！　さすがだね」とパートナーから言われたら、毎日料理をしていることを認められ、さらに今日の出来が特別によくできているとほめられたと感じ、嬉しいはずです。

自分が言われてうれしいことは、子どもにもどんどん使ってみてください。

「～のおかげ」という言葉も同様です。たとえば、子どもと二人で公園に遊びに行き、いつもと変わらないのんびりとした日を過ごした、としましょう。

その日の食事の時、

○「Aちゃんのおかげで、きょう1日楽しかったよ。有難う」

と声掛けしてみてはいかがでしょうか。

特に何もなく、普段通りの1日でも、子どもの存在は大きいと思います。

仮に、子ども抜きで、一人で公園にいって1日過ごしたことを、想像してみてください。確かに一人でのんびりできるかもしれませんが、子どもの成長を見る喜びはないですよね。

つまり、今日1日公園にいって子どもの成長を見ることができたのは、Aちゃんのおかげといっても、間違っていません。

だから、この場合は素直に、Aちゃんのおかげだよ、と伝えてみてください。

自分が言われてうれしいことは、
子どもにもどんどん使ってみる

♥お世辞はNG！　少し大げさぐらいならOK！

1日3回ほめる、を実践していただきたいのですが、やたらめったらおだててほめることは、お勧めしません。

たとえば、6歳の子に対して「靴はけたね、エライね」と、本当はそんなこと思ってもいないのに、ほめたとしても、「もう6歳だし、できて当たり前だよ」と子どもに言われるのがオチです。

子どもは大人が思っているより、色々考えていますし、敏感で繊細です。
なので、お世辞や心がこもっていないほめ言葉はすぐばれてしまいます（笑）
少しでも感心したら、心からほめればいいのです。
そして仮に、勢い余って**多少大げさにほめても、心がこもっていればOK**です。

お世辞はバレます！

ほめる時は年齢を考えましょう

♥自分もプラスになる「ほめ返し」

利己的な考え方ですが、ほめるとほめられた相手は、言うことを聞いてくれるようになるし、自分も笑顔になるし、ほめる側への、メリットは大きいのです。

それに加えて、ほめた相手が大人であれば、**「ほめ返し」**があります。
ほめ返しとは、ほめた相手から、近いうちにほめられる、という意味です。

自分がほめられたら、やっぱりうれしいですよね。
ほめはほめを呼びますので、
ほめることは自分自身にも、大きなプラスがあるのです。

ほめ返しのメリット

ほめることは、自分自身にもプラスになる

♥パートナーを認めてほめる

自身のパートナー（夫・妻）や身近な人も、認めてほめます。

前章で書いた通り、ほめるは、ほめ返しとして返ってきますので、最終的に、ほめた人自身もほめられて、いい気分になるはずです。

パートナーに対してのほめ方も、基本的に子どもに対してのほめ方と一緒で、「ふつう」をほめます。たとえば、普段働いている夫をほめる場合の例です。

○「お仕事大変なのに、家では疲れを見せないで、さすがだね」

もしこんな風にほめられたら、世の中の男性のほとんどが、「やった！　もっともっと家族のためにがんばろう」と喜ぶはずです。

ここで、ママに耳よりな情報を…

パパは、ほめられ慣れていない、です！

女性同士は、「その鞄ステキね」とか「髪型かわい〜」といって、お互いをほめ合う習慣がありますが、男性にはそれがありません。
しかも、普段、会社では怒られたりダメ出しされたりする場合が圧倒的に多く、少しでもほめられたり、認めてもらえたりすると、本当に嬉しく感じるのです。
一度でもほめられたら、その喜びは数ヵ月間続きます。（ホントです）
たった一言で、数ヵ月間、気分がよくなるってスゴイことですよね。

こんな話があります。

初めての子どもが生まれて、パパがオムツ替えにチャレンジしました。

慣れない手つきで、なんとか子どもにオムツをはかせましたが、だいぶ時間もかかり、オムツも少し曲がってしまいました。そんなとき、パパにどう声をかけますか？

「ヘタくそ！」と言われたパパは、もう二度とオムツを変えない、と心に決めてしまったそうです。そして、正反対に、

「オムツ替えやってくれてありがとう。パパは子育てに向いてるんじゃない？」と感謝されて認められたパパは、本当に自分が子育てに向いていると思い込み、その後、ママに言われなくても、自分から積極的に、子育てをしだしたということです。

ダメ出しより、ほめるほうが、よっぽど効果的なのです。

パートナーをほめる際には、**「子どもに話しかける系」**も使えます。
たとえば、家族全員で食事をしている時、ママが子どもに向かって
○「パパはいつも、みんなのために大変なお仕事をしているんだよ。スゴイよね」
子どもの目の前で、こんな風に自分がほめられたパパは、もう天にも昇る気持ちになりますよ（笑）。
そしてママや子どもの願いを、どんどん聞いちゃいます。男は大人になっても、単純な生き物なのです。

5歳男児の頭の中

大人になっても男性は
シンプルな人が多いです

♥サンドイッチ型でほめる

共感→叱る→認めてほめる

「お友達をたたいてしまった」「お友達に砂をかけてしまった」といった良くない行動をしてしまった場合、注意したり叱ったりしますよね。

ほめることは大切ですが、**しつけには、時として注意やお叱りが必要です。**その注意やお叱りの際、**「共感・認める・ほめる」**を前後に使うと、子どもは聞く耳を持ち、反省して、今後の良くない行動を遠ざけます。

共感・認める・ほめるを**「注意・お叱り」**の前後に使い、サンドイッチのように挟む方法です。

例：同じおもちゃで遊んでいたお友達をたたいてしまった場合

（＊お友達にケガがないか最初に、親が確認し、ごめんね、の言葉をかけておく）

○「あのおもちゃで遊びたかったんだね。けど暴力はよくないよね。叩かないで仲良く遊ぼう。敬太ちゃんなら、ごめんなさいって言えるよね」

言葉の最初に、あのおもちゃで遊びたかったんだね、という**「共感」**の言葉を持っていきます。

その次に、暴力はよくない、叩かないで遊ぼう、という**「注意」**が入ります。

最後に、敬太ちゃんならできる、という**「認める」**が入ってます。

そして、子どもが反省し、「ごめんなさい」が言えたなら、謝ることができた、という良い行動に対して、頭をなでなでするなどして、ほめるのです。

サンドイッチ型でしかる

共感・認める・ほめるを前後にはさむと、
子どもはすなおに聞く

♥クイズ：こんな時、どうほめますか？

ここでは簡単なクイズを出しますので、1問1分以内でお答えください。

Q1：3歳の太郎君とママが一緒にデパートに行きました。おもちゃ売り場で太郎君は夢中になってしまい、ママが「もう行こうね」といっても動こうとしません。何分か待ってもう一度ママが「ママ他に買い物がるから、そろそろ行こうね」と言うと素直にママのいう事を聞いてくれました。さて、ここで太郎君をほめてください。

ヒントは、**具体的に短くシンプルに**、です。

A1：様々な答えがありますが、3歳という年齢を考えると「ありがとう。ママ助かるわ」などのシンプルなものが良いと思います。

さて、次の問題は、いきなりレベルが上がり、上級者向けです。

Ｑ２：花子ちゃんは４歳で幼稚園に通っています。幼稚園では、みんなで遊んだあと、みんなでお片付けをする決まりがあります。
しかし、花子ちゃんは、10回に2回しか、お片付けをせず、10回に８回は、どこかに遊びに行ってしまいます。さて、ここで花子ちゃんをほめてください。

ヒントは、**できたほうに注目、**です。

Ａ１：これも様々答えはありますが、一例として、お片付けができた時に、「花ちゃん、お片付けできたね。スゴイね。**次もできると思うよ**」などと言ってみてはいかがでしょうか。

これは、将来きっと成功するよ、というニュアンスを含んだ**「将来ほめ」**という高等技術です。この将来ほめは、後の項で詳しく説明しますね。

ほめる時は、具体的にシンプルに

♥昨日と同じ言葉でもOK

昨日と同様にほめた後、「昨日と全く同じほめ方をしてしまった」と後悔しなくても大丈夫です。

できれば、言葉のバリエーションを徐々に増やしていくことが望ましいですが、昨日と**同じところを、同じようにほめたり認めたりしても全く問題ない**です。

これは、ボクシングでいうところの、ボディブローのように、繰り返すことで徐々に効いていく、という効果も見込めます。

ただし、年齢がだいぶ上の子に、「それ、昨日といっしょだよ」とか言われてしまったら、その時は、言葉を変えましょう（笑）

くりかえしほめる

ほめることを繰り返すことで、徐々に効果があらわれます

♥「即ほめ」のすすめ

良い行動をした場合は、すぐその場でほめます。

これは、犬や猫など動物のしつけと基本的に一緒です。子どもは、過去や将来をあまり考えず「今」を一生懸命いきているので、今しかないのです。

子どもが何かをして良い結果がでたときや、子どもががんばっていることを発見したときは、**すぐにその場でほめる**ことが、効果的です。

即レスならぬ**「即ほめ」**です。

良い行動があった次の日に「昨日のあれできてよかったね！」とほめても、子どもの頭の中では「昨日？　あれって何？」となってしまい、ほめた効果が薄れてしまいます。

過去のことをほめても、特に年齢が小さい子どもは、その過去にした良い行動を明確に覚えていないことが多いのです。子どもはまさに今を生きているので、ちょっと前のことより、今をほめてみてください。

子どもをほめる時は、
すぐその時にほめることが基本です

♥将来の可能性をほめる

子どもの将来に期待を込めてほめます。

これは、ほめることの上級者がよく使うほめ方です。

たとえば、読書が好きなアイちゃん（7歳）をこんな風にほめます。

○「アイちゃんは、たくさん本を読んでいるから、きっと素敵な大人になるね」

読書が好きな方は、知識が豊富で感受性が高く、魅力的な人が多い事は、ウソではないですし、このように言われた子どもは、嬉しくて、もっともっと本を読むでしょう。

将来の子どもの可能性をやんわりと期待するようなほめ方をして、子どもの気持ちを高めてみてはどうでしょうか。

将来をほめる

期待するほめ方で子どもの可能性をのばします

♥工夫が必要なほめ言葉

・スゴイ！
・エライ！
・いい子だね～

この3つの言葉を使う際には工夫が必要です。
ここで重要なのは、子どもの年齢やコミュニケーション能力による、ということです。たとえば、0～2歳未満の子に対して、この3つのほめ言葉を使っても、全く問題ないと思います。

ある程度、年齢が上がり、コミュニケーション能力が大人とほぼ変わらないぐらいまでに発達した子に対しては、

この3つの言葉を単体で連発するより、工夫して使ったほうがより効果的、に

なります。

確かに、この3つの言葉は、簡単で言いやすいので、単体で使ってしまいますが、スゴイやエライとだけ言われても、子どもの方で、何がスゴイの？　なにがエライの？　となるケースもあります。

ある程度、コミュニケーション能力が発達した子に対して、スゴイやエライ、を使う場合は、何がスゴイのか、どうしてエライのか、を付けたして言えば、効果はより高まります。

△「エライ！」

○「一人で靴はこうとしてるんだね。エライね」

文字数はエライの3文字に比べると多くなってしまいますが、この「一人で靴はこうとしてるんだね。エライね」は具体的にほめていますし10秒以内で言えますね。

最後に「いい子だね～」ですが、なぜこのフレーズがあまりよろしくないのでしょうか。

「いい子ってなんですか？」という問いには、様々な答えがあり、子どもには伝わりにくい場合があるのです。

ある方は、親の言う事を聞いてくれる子がいい子だ、と言いますし、一人でなんでもできる子がいい子だ、という方もいます。

いい子の定義は曖昧《あいまい》で、人によって違うものなので、「いい子だね」と言われた子どもが、

「ママのいう事を聞いたからいい子っていわれたのかな、それとも、靴を早くはけたからいい子って言われたのかな、それとも、今　はいた靴がママのお気に入りの靴だからかな…」

などと考えてしまっても、おかしくないですね。

いい子って、なに？

ただ「いい子だね」だけでは、
子どもには伝わりません

♥プラスのサイクルをまわす

ほめる・認める→やる気がでる→良い行動が生まれる→またほめる
このプラスのサイクルをまわしましょう。

ほめることや、認めることは、心のバケツを満たします。満たされた子は、手がかからず、良い行動が生まれやすいです。良い行動があれば、親も自然と怒らなくなり笑顔になります。

ほめたり認めたりしていくと、子どもは自分に自信を持ち、さらなるチャレンジをします。チャレンジの結果が成功でも失敗でも、その努力を認めてほめれば、子どもはさらにチャレンジします。

チャレンジする回数が増えれば、自然と、成功する回数も多くなります。もちろん失敗する回数も多くなりますが、その時は努力を認めてほめれば良いです。

小さな成功体験を積み重ねることで、自己肯定感が高まり、自分からどんどん行動し、失敗してもくじけない子になります。

この、ほめる↓バケツが満たされる↓やる気がでる↓良い行動が生まれる↓親も子も笑顔↓またほめる、という**プラスのサイクル**を生み出すことができれば、子育てはだいぶ楽になるはずです。これと反対なのが**マイナスのサイクル**です。

怒ってダメ出しばかりし続けたら、心のバケツはカラカラ状態になります。

この状態では、**親からの愛情をほしがるがために、親が困る行動（つまり良くない行動）を起こしやすいのです。**

良くない行動に対して、また怒る、すると、バケツの水がさらに減ってしまい、親の関心を引こうと泣いたりグズったり、悪さをしだしたり、親にとって好ましくない行動をしだします。

すると親は不機嫌になり、怒り出します。

すると子どもは、また怒られたと自信を無くしてしまい、自らは行動しない消極的（マイナス）な性格になってしまいます。

「ほめる」から
プラスのサイクルへ

成功体験を重ねることで自信をもつ

♥認める

認めることは、ほめると同様に重要です。

結果がどうあれ、がんばったことやチャレンジしたことは、どんどん認めましょう。たとえば、学校のテストの結果が悪くても、がんばって勉強したプロセスに注目し、認める言葉をかけます。

○「一生懸命努力してたね。ママその姿見て嬉しかったよ」

というように、まずはプロセスを認めた上で、さらに「嬉しい」などの自分の感情もプラスすると、より効果は高まります。

そして、子どもの心のバケツが満たされていき、次もがんばろうという気になります。

♥目線を合わせて

子どもが本当に素晴らしい行動をしたので大いにほめたい時や、友達の顔を叩いてしまったなど本当に叱ることが必要な時、子どもに最大限の気持ちを伝えたいものですよね。

その際は、**しゃがんで子どもとの目線を合わせて、真剣な表情でゆっくりと伝える**ことをお勧めします。

保育士の方や、子どもに関わる仕事をしている方をイメージしてみてください。子どもに話を伝えるときは、しゃがんでいませんか？　また、伝えるときに、周りの環境も重要です。

交通量の激しい道の歩道で伝えても、走っている車や歩いている人に、子どもの注意や意識がいってしまい、十分に伝わりません。

できれば、静かで、二人きりになれる場所で、同じ目線で伝えることが、効果的でお勧めです。

目線を合わせて ゆっくりと…

子どもにきちんと話をしたい時には
目線を合わせましょう

♥トレーニング①　～一人でできる想像型～

ここまで読まれた方には、**ほめることや認めることの重要性**が伝わったのではないでしょうか。

しかし、ほめることや認めることに慣れておらず、上手な言葉が言えない方もいらっしゃると思います。そんな方には、トレーニングをお勧めします。

これは簡単に言うと、ほめたり認めたりする練習で、5分もかからずにできます。一人でできる**想像型**と、家族でワイワイと楽しみながらできる**参加型**がありますので、どちらでも好きな方をやってみてください。

まずは**想像型**からご説明します。

中学生の時に、同じクラスになったことがある異性を一人、思い出してください。彼、または彼女の、良いところを、3つあげてください。

例：中学3年生の時、同じクラスになったトモキ君。物静かで目立つ存在ではなかったけど、なぜか彼のことが頭に浮かびました。そんなトモキ君の良いと思うところを3つあげます。

①スラっとしていて、スタイルがいい
②将棋部でがんばっていた
③寡黙《かもく》で将来は人に信頼されそう

こんな感じで構いません。自分の頭の中で、3つ想像してみてください。

3つも無理！　と思う方は、視点を変えてみてください。

たとえば、あまりしゃべらない人を、「無口で暗い」と言えば悪口になりますが、「寡黙で信頼されそう」と言えば、ほめ言葉になります。

この想像型トレーニングは、他人の良いところを探す、という技術を高められます。**ほめることや認めることは技術です。**なので、トレーニングをすれば、誰でも上手になります。もちろん程度の差はありますが、トレーニングすれば多かれ少なかれ、誰でも少し上達することは間違いありません。

♥トレーニング② 〜家族でワイワイ参加型〜

この**参加型**は、二人以上いないとできないので、家族がそろった夕食時などにやってみてください。

①**「ほめほめタイム！」**と言って、一人ずつ、自分以外の他の人をほめたり認めたりしていきます。「今日もパパは、お仕事がんばったね」などの、普通のことで構いません。

②ほめられた方は、感謝と感想を伝えます

たった5分でもいいので、このトレーニングをやれば、ほめることや認めることが少しだけ上手になると思います。

念のため、練習用の例を挙げておきます。

例：母親のハナコさん、父親のタロウさん、の練習例
タロウさん：「ほめほめターイム」
ハナコさん：「イエーイ。ドンドンドン」
⇓こういう合いの手があると、盛り上がります。

タロウさん：「じゃ、僕からいくよ。いつもだけど今日の夕食は特においしいね。作ってくれて有難う」
ハナコさん：「嬉しい気持ちになった。自然とニッコリしたよ。有難う」
次はハナコさんの番です。
ハナコさん：「仕事は大変だと思うけど、文句言わずに毎日仕事して、さすがだね」
タロウさん：「何気ない毎日のことだけど、やっぱり改めてそう言ってもらえると嬉しい。明日からもがんばろうという気持ちになったよ」

ほめほめタイムをつくる

相手をほめることや認めることが上手になります

♥自分を認めてほめる

認めてほめる技術を自分自身に向けてみます。たまには自分を認めてほめることも大切です。


終わりが見えない毎日の子育て、そのストレスから、自分自身への自信を無くしている方もいるかもしれません。そんな時は、

「毎日、家事や育児をやってる。結構スゴイよね」

「今日は、うまく料理ができた。がんばったな」


このように、心で思って、多少の自信をつけてみてください。

自画自賛だし、自信過剰になりそう、と思うかもしれませんが、子育てはもっと称賛されてもよいほどに大変な仕事ですので、自信がなくなりそうになったら、周りの目を気にせずに、やってみてください。

♥ほめる・認めるをクセに

「ダメ、早く、」が口グセになってしまっている方がいます。

一方で、ほめることや認めることも、口グセのようにできます。

1日3回ほめる、をめざし、**ほめることや認めることが、口グセのように自然とでてくるようになれば、こっちのものです。**

理不尽に怒ったり、どなったり、早くと急かしたりすることが、グンと減りますよ。

そしてもう一つ、**「ほめる、認めるは技術」**なので、練習すれば誰でも上達します。水泳と一緒だと考えてください。

泳ぐ練習をすれば、泳ぐことが少し上達するのと同様に、ほめる、認めるも練習すれば、上達します。

ほめるは技術です

ほめる・認めるは
練習すれば誰でも上達します

♥ほめた人もほめられた人も笑顔

トレーニングをしてみて、何か分かったことはありませんか？

そうです、相手をほめて認めている時の顔は、ちょっとニッコリしています。自然とそうなってしまうのです。しかめっ面でほめる方や、怒りながら認めることができる方は、まずいないでしょう。**ほめることや認めることで、自然と顔がニッコリします。**

そして、ほめられた人の顔も、ちょっぴり嬉しそうです。ほめられて認められて、それがお世辞でもおべんちゃらでもなければ、大抵の人は悪い気はしないはずです。

だから自然と顔の表情がゆるみ、嬉しそうな顔になります。ほめた人も、ほめられた人も笑顔になるのです。

自然とニッコリ

ほめた人も、ほめられた人も、ニッコリ

♥「幸せだから笑うのではない、笑うから幸せなのだ」

これは、フランスの哲学者アランの有名な言葉です。

幸せだと、笑顔が増えるのかな、と考えがちですが、笑顔が幸せを呼ぶという、別の視点に立った見方ですね。

本当にそうか？　と思うかもしれませんが、パーティーや飲み会に行ったときのことを、少し考えてみてください。パーティーや飲み会で、ニコニコしている人は話しかけやすく、その人の周りには自然と人がよってきますよね。

笑顔は笑顔を呼ぶわけです。逆に、怒っている人やムッとしている人がパーティーにいたら、話しかけたいとは思わないでしょう。

つまり、笑っている人は、楽しさや嬉しさを手に入れて、怒っている人は、それらを捨ててしまっている、とも言えます。

実は、「笑うと幸福になる」ということは、科学的にも証明されています。

笑うことで、ハッピーホルモンとも呼ばれるβ-エンドルフィンが分泌され、それが高揚感や幸福感をもたらせるということです。


「笑う門には福来る」ということわざは、本当にそうだったのです。

ほめることは笑顔を呼びます。その結果、ほめたほうも、ほめられたほうも、幸せの量が少し増えるのです。

二章

共感する
・励ます・
質問する

♥共感を表す

「〜したかったんだね」という**共感の言葉**を、子どもにかけてみてください。

そしてその時の子どもの表情をじっくり見てください。子どもの年が小さいほど、驚くほど子どもの心が安定するのが、表情から分かるはずです。

たとえば、３歳の子が、駅のホームで走りまわってしまった時は、どのように共感の言葉を使いますか。

○**「走りたかったんだね」**

とてもシンプルですが、これでいいのです。共感を表す言葉として他には、**「そうか、そうか」「なるほどぉ」「イヤだったんだね」**なども効果的な言葉です。

子どもは自分のしたいことを親が理解してくれた、と感じて、親の言うことを聞こうという気持ちになります。

あなたのこと、ちゃんと見てますよ、わかってますよ、ということを、親が言葉で伝えれば、子どもはそれだけで安心するのです。

子どもへの共感を増やしたい方は、**子どもと非日常を一緒に体験する**機会を増やしてみてください。

たとえば、子どもと旅行に行くことは、非日常を子どもと一緒に体験できる良い方法です。旅行に行く時間が無い方は、**子どもと一緒に、子どもが好きな映画を見に行く**ことでも、非日常を体験できます。

そして、映画を見終わった後に感想を聞いてみるのです。どんな感想が子どもからでてきても、

○**「なるほど～」「そうか～」「ママもそう思ったよ」**と、

感心したり共感を表せば良いのです。

共感しよう

子どもは共感すると素直に話を聞いてくれます

♥共感＋～しようね＝効果大

「～したかったんだね」。この共感の言葉のあとに、**「～しようね」**をつけてみましょう。駅のホームを走ってしまった子に対しては次のように言います。

○**「走りたかったんだね。けどホームでは一緒に手を繋ごうね」**

共感の言葉のあとに、**「一緒に～しようね」**という肯定的な言葉を使うことで、良い行動に繋がりやすくなります。

コミュニケーションが十分とれる年齢になってきたら、もう少し長めの言葉でもいいでしょう。たとえば、

○**「走りたかったんだね。わかるよ。けどたくさんの人がいるホームで走ると、ぶつかっちゃうから、一緒に手を繋いでいよう」**です。

少し長い言葉ですが、より走らないでほしい理由も入っているので、子どもにも「なぜ走らない方が良いのか」が分かり、今後の行動が変わってきます。

♥励ます

子どもが失敗してしまった時や、つまずいてしまった時などに、励ましの言葉をかけます。たとえば次のような言葉で励まします。

○**「大丈夫。きっと次はうまくいくよ」**
○**「ドンマイ、ドンマイ」**
○**「ママはいつも味方だよ」**

言葉だけで励ましても十分効果はありますが、励ましの言葉にスキンシップをプラスすると、効果はさらに大きくなります。

○**「パパはいつもそばにいるよ」＋頭をなでる**
○**「ドンマイ。心配いらないよ」＋背中を軽くさする**

子どもの年齢に合わせて、**励ましにスキンシップ**を取り入れてみてください。

励ます＋スキンシップ

励まし言葉＋スキンシップ＝効果バツグン

♥自分の失敗体験を伝える

子どもを励ます時に、自分の失敗体験を伝えることも効果的です。

ある程度、大人の会話ができるようになった子に対して、自分が子どもだったころの失敗体験を伝えることも、励ましに繋がります。

たとえば、運動会のリレーで転んでしまい、泣いている5歳の子に対して、

○**「よくがんばったね。走りきったこと、立派だと思うよ。実はママも小さいころ、たくさん転んでね。足も遅かったんだ」**という具合にです。

すると子どもは、ママも自分と同じなんだ、と少し安心するわけです。

失敗だろうとなんだろうと、親と一緒、ということが子どもにとっては嬉しいことなのです。

ママもおなじなんだ

何んだろうと、子どもは親と同じが好きです

♥ 質問から生まれるもの

質問したり、クイズをだしたり、チャレンジする機会を与えたりすることは、心のバケツを満たすことにも繋がります。

これは、ある日の出来事です。

「お金で買えないものはなーんだ？」と5歳の子どもにクイズをだしてみたところ、その子は即座に、

「風、神様、好きっていうこと（気持ち）」と答えてくれました。

この答、すごくないですか？

風という、自然はお金で買えない
神様という、絶対的な存在はお金で買えない
好きという、自分の気持ちはお金で買えない

3つともそれぞれ深い意味があり、それぞれ違う意味を持っている別々のものであり、3つともお金では買えないものです。

私は、その子がこの答を即答したときに、子どもって本当にスゴイ能力を持っているんだな、と改めて心から感心しました。

だから、心から、「素敵な答えだね」と言って頭をなでました。

お世辞でもおべんちゃらでもありません。本当に素敵だと思い、その気持ちを子どもに素直に伝えただけです。

そして、**頭をなでられた時の子どもの表情、とても嬉しそうで、心のバケツが満たされたことが、はっきりと伝わってきた瞬間**でした。

一緒にクイズを出して遊んだり、子ども心になって視点や発想を変えてみたり、様々なことにチャレンジする機会を与えたり、いろいろと試してみてください。

きっと、どの子も、大人が感動するような素晴らしいものを持っていますよ。

クーイズクイズ

簡単なクイズをたくさんだし
小さな成功体験をつみます

♥子どもに言わない！　3つの言葉

子どもには使わないでおこうと、心がけたい言葉は、「ダメ」「早く」「あぶない」の3つです。

この3つの言葉は、子どもにとっても親にとっても、デメリットが大きいと思います。そして、この3つの言葉に共通して言えること、それは**クセになる**ということです。

2文字、4文字の言葉なので、言いやすく、クセになりやすいのです。無意識のまま、早く早くと言っていませんか？　無意識に口グセのようになっていたら要注意です。

「〜しちゃダメ！」「早くして！」

保育園や公園で、親が子どもに対してよく使っている言葉です。使いすぎて、無意識になっていて、クセになってしまっている方も多くいます。

この時の親の表情は険しく、怒ったような顔をしています。

言われた子どものほうの表情は、きまって寂しそうな顔をしています。

私は、どれくらいの頻度で「ダメ」と「早く」を言っているか、数えたことがありました。一番使う頻度が多かった人からは、5分間で合計5回も言っているという驚きの結果がでました。

つまり平均すると、1分に1回は**「ダメ」**とか**「早く」**が出ているのです。


もし大人が、この頻度で、早く、と急かされ続け、ダメ出しされ、怒った顔を向けられ続けたら、どう思いますか？

きっと多くの大人は、ダメ出しされて自信を無くし、早くとせかされ窮屈さを感じ、「そんなに言わなくてもいいじゃないの！」と反抗したくなります。

子どもだって同じです。


何度もダメダメと言われ、今からやろうとしているのに、「早く」とせかされ、怒っている顔を毎日のように向けられたら、子どもだって、

「自分はダメなんだ」「また怒られた。いやだな」「今やろうとしてるのに！」と思って、**マイナスのサイクル**になってしまうでしょう。

「ダメ」「早く」という言葉は、子どもから楽しさや成長のチャンスを奪ってしまいます。

デメリットが大きいこの2つの言葉を、口グセのように言い続ける一方で、多くの母親が、「本当は、ダメとか早くとか言わないでいたい」と思っています。

この言葉を言わなくなるシンプルな方法があります。

次の項で詳しく説明しますが、それが**「言葉の置き換え」**です。

１分に１回、この言葉が…

この言葉で子どもは
「マイナスのサイクル」になってしまう

♥「ダメ」ではなく「～しよう」

「ダメ」という言葉は2文字。言いやすくて、口グセになりやすい言葉です。

しかし、頻繁に使った場合のデメリットは非常に大きいので、お勧めしません。

ダメという言葉を、**「～しよう」**という言葉に置き換えれば使わずに済みます。

×「～しちゃダメ」
○**「～しよう」**
○**「（一緒に）～しようか」**
たとえば、人が多い歩道を走ってしまう子に注意したい時です。
○「歩こうね」
ダメという禁止用語を使わなくても、走らせないで歩かせる、という目的は達成できています。

言葉でのコミュニケーションがある程度可能になった年齢の子に対しては、
○「走って人にあたったら大変だから、一緒に歩こうか」

と言って、手を握って一緒に歩けば、もう走り回らないですし、なぜ走っては
いけないのかも理解でき、一石二鳥ですね。
使う言葉を少し変えるだけで、その言葉を聞いた子どもの受け取り方はだいぶ
かわってくるものです。
次の例も同様で言葉を言い換えるだけです。

子どもが大きな声で、おしゃべりしていた時など、注意をしたい時など、
×「うるさい、静かにしろ！」
○**「静かにしようか」**
では、後片付けをしない時は？
×「後片付けしなさい！」
○**「一緒に後片付けしようか」**
では、牛乳をこぼしてしまった時は？
×「もう何やってんの！」
○**「気を付けようね」**

♥主語を「私」に変える

子どもに何かを止めさせたい時、どう伝えますか？

△「やめて！」

と言ってしまう方が多いと思います。

止めての主語は、あなた、ですね。

つまり「(あなた) やめて！」と子どもに言っている訳です。

では、「やめて！」と言わずに、主語を「私」にした場合の言い方を考えてみましょう。

○ **「やめてくれると助かるわ」**

これは、誰が助かるのでしょうか。そうです、私が助かるのです。

この言い方であれば子どもは **「自分がやめれば、ママを助けることができるんだな。よし、助けてやるぞ〜」** となるわけです。

子どもはママはもちろん、人を喜ばせたりするのが大好きですから。

主語を変える

子どもはママを助けたり喜ばせるのが大好きです

♥「早く」を別な言葉に入れ換える

今度のケースは、なかなかお出かけの支度をしない子に、**「早く」**という命令形を使わずに、説得してみてください。

×「早くして！」

○**「急いでくれると助かるな」**、または

○**「今なら□□に間に合うかもよ」**

などでもいいですね。

この場合の□□には、子どもの興味を引くようなものを入れてみてください。

たとえば電車好きの子には、急行電車に間に合うかも、とか、珍しい絵がかいてあるレア電車に間に合う、などです。

♥「あぶない」を別な言葉に入れ換える

噴水の周りで遊んでいる子に、**「あぶない」**と言いますか？　もし落ちたとしても、服が濡れるぐらいなのに、あぶないは必要ないと思います。

ではこれが噴水ではなく、池だったらどうします？　あぶないと言わずに、たとえば、次のような質問をしてみてはいかがでしょう。

「もし落ちたらどうなるか、知ってる？」

この質問のあと、子どもには池の深さや、泳ぎ方を説明し、落ちた場合、どうなるかも説明しておきます。

そして、すぐ近くで見守っていて、万が一、落ちた場合でも、大事に至らないよう準備しておきます。少し大胆かもしれませんが、これぐらい大きな気持ちをもって、子どもを見守ってみてはいかがでしょうか。

ゆったりとした気持ちで
子どもに声をかけてみませんか

♥その言葉、待っていたよ

典型的な、ほめ言葉・認め言葉・励ましの言葉・感謝の言葉など、心のバケツを満たすのに有効な言葉を、いくつか紹介しますので、子どもの年齢や場面に応じて、使ってみてください。

スゴイ　いいね　エライ
カッコイイ　かわいい　ステキ　面白い
さすが　～のおかげだよ　～ならできると思う
よくできたね　やったね　よくやったね　がんばったね
上手だね　やるねー　サイコー
やさしいんだね　成長したね　～したかったんだね
ありがとう　助かるわ　うれしいよ　誇らしいよ
そうかそうか　なるほどぉ
大丈夫　ドンマイ　次はうまくいくよ

ワァーイ
いっぱいだよ

さあ今日からどの言葉を使いますか?

♥言葉で児童虐待を防ぐ

非常に残念なニュースですが、児童虐待対応件数は年々増えており、虐待により死亡する子どもの数も高どまりしているのが、今の日本の状況です。

加害者の方も、虐待したくてしている訳ではありません。子育てのストレス、恵まれない出産など、様々な要素が絡み合って、虐待に繋がっています。

冒頭でも述べた通り、この本にかかれている**「怒らずにほめる子育て」**方法は、児童虐待プログラムを参考にしています。

ほめる子育てを広めることで虐待を少しでも減らしていけたらと心から思っています。少しの知識があれば児童虐待をしなくて済む場合もあります。

たとえば、1歳未満の赤ちゃんを、叩いてしつける方法は、全くの逆効果です。なぜなら、1歳未満の赤ちゃんは、自分の行動の意味を正しく理解できるだけの知識や経験や能力がないからです。

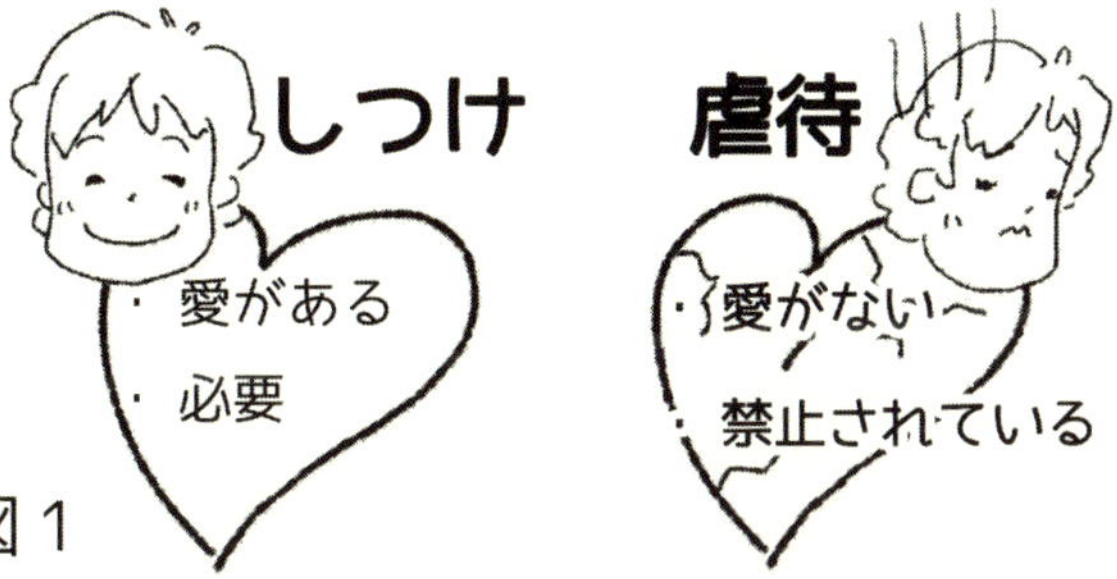

図1

図2

それを分からずに「言うこと聞かないで泣いてばかりいたから、叩いた。そしたらまた泣いた」という最悪のケースに陥ってしまいます。

私は、**教育に暴力は必要ない**と考えています。

虐待しているにもかかわらず、「しつけのつもりだった」と言う方も多いのが現状です。

正しい知識の普及を急がなければならないと思っています。しつけと虐待と暴力の関係を分かりやすく図にするとこうなります。

しつけと虐待は、図1のように明確に違い、重なっている部分はないのです。
しかし、そこに「体罰」が入ることで、図2のように、しつけと虐待が一部で重なってしまうのです。

怒らずにほめる子育て方法を実践する上で、体罰は全く必要ありません。

児童虐待を無くすためにも**「ほめて、認めて、たまには叱って、またほめて」**というポジティブなコミュニケーションを、皆さんにも広げてほしいと心から願います。

♥DVは児童虐待になりえます

「面前DV」という言葉をご存じでしょうか？

これは、児童の前で、お互いのパートナーに暴力をふるうことを指し、DVに含まれます。そして、この面前DVは、児童の心理的虐待となります。

つまり、DVは児童虐待になりえるという訳です。そして、この面前DVはこの数年で急激に増えています。

子どもには暴力をしてないとしても、子どもの前でパートナーに暴力を振るったら、子どもに対する心理的虐待にあたります。

暴力では物事の本質的な解決になりません。それは大人も子どもも一緒です。

夫婦も、ほめ合い認め合うことでコミュニケーションをぜひ深めてください。

♥叩くのは逆効果

話せばわかる。

叩かずに、話すことでプラスのサイクルをまわします。

子どもを叩いて物事を理解させる、という考え方ありますが、0～2歳ぐらいまでの子を、叩いても、何のメリットもありません。

子どもに、叩かれた時の痛さや恐怖心を伝えることはできるかもしれませんが、それらを、良し悪しの分別がつかない0～2歳の子に伝えても、良いことはありません。

叩くことで、その子の心のバケツはカラカラになってしまいますし、叩かれたことがキッカケで、将来のトラウマとなってしまったり、大人になって心の病を患ってしまったりと、デメリットが大きすぎます。

川崎市など、条例で体罰を禁止している地域もあります。

叩くこと・体罰を肯定する方で、「厳しく叩かれて育った人で、立派に育って世界で活躍している人もいる」とおっしゃる方がいます。

それはその通りかもしれませんが、**その反面、「子どものころに叩かれて、虐待され、心に傷を負い、不登校や引きこもりになってしまった。また、うつ病などを患っている」方がたくさんいることを知っていただきたいのです。**

叩かれたことでマイナスの人生を送る方は、あまり知られていないだけで、実はたくさんいるのです。

子どもやパートナーを叩いたり、暴力をふるってしまう人の特徴は、言葉によるコミュニケーションが苦手、言葉で言ってもわからないから叩いた、というのです。発想を変えれば、言葉で言ってわかれば、叩かないで済むのです。

言葉によるコミュニケーション能力が上がれば、叩かずに済むのですから、ほめ方や言葉の入れ替えを練習してみてください。

この本で紹介する「言葉によるコミュニケーション」の練習を10分もやれば、コミュニケーション能力の向上に繋がりますし、やった後は、ニッコリと素敵な笑顔になるはずです。

叩くべからず

言葉によるコミュニケーションの練習をしましょう

三章

スキンシップ・見守る

♥ スキンシップや表情が大事

スキンシップや表情でほめたり認めたりする効果は、非常に大きいです。

ここまでは、言葉による声掛けをお伝えしてきました。実際、多くの子育て本も、「魔法の言葉」とか、「伝わる言い方」といった、言葉による語りかけに、重点を置いたものが多いようです。確かに、言葉を少し変えるだけで、多くの変化をもたらすことは可能です。

しかし、言葉だけでいいのでしょうか。

本当に大切にしたいことは、**表情や行動、スキンシップ**、だと思います。無口でも、子どもを、表情や行動で、認めて、ほめている素敵な方もいます。皆さんも経験ありませんか？　自分ががんばった時、何も言わずニッコリと頭を撫でてくれた親の手のあたたかさや、そのときの親の表情。

このように言葉がいらないケースもあるのです。

私のまわりでも、口下手ながら、表情やスキンシップやまなざしで、子を温かく見守っている素敵な方がいます。そのような方にお会いすると、本当に子どもを思い、子どものために時間を作り、自分の生き様を背中で見せることで、子どもを成長させているんだなぁ、と感心して、嬉しい気持ちになります。

笑顔で深く頷いたり、親指を立ててグッドのサインやピースサインをしても、ほめたり認めたりを伝えることができます。パチパチと拍手を送ったり、ギューっとハグをしたり、頭をよしよしとなでるなどのスキンシップに、子どもは大いに喜んでくれます。

そして、**親がくれた素敵な表情やスキンシップは、大人になっても良い思い出として、覚えているものです。**

♥言葉＋スキンシップ＝効果大

子どもが喜ぶ言葉に、さらにスキンシップを合わせると、効果大です。簡単にできるのでお勧めです。

嬉しい言葉を言ったときに、または言いながら、

・ぎゅ～とハグをする
・あたまをよしよしと撫でる
・背中や肩をポンと軽くさわる

このような方法で、言葉の後に、スキンシップを入れると、非常に効果的です。スキンシップでひとつだけ気を付けてほしい点があります。子どもの年齢が大きい場合、過度なスキンシップをすると「キモイ！」と言われかねません（笑）

子どもの年齢を考えて、スキンシップを適度に入れてみてください。

言葉とスキンシップ

言葉とスキンシップで親子の愛情が深まります

♥ 気持ちを伝える＋感謝＋スキンシップ＝効果絶大

これまで述べてきたこと全てを入れた形が、
気持ちを伝える＋感謝する＋スキンシップ、です。

たとえば、いつも騒いでしまうケイちゃん（5歳）が、静かにしていた場合、
このように使ってみます。

○「**ケイちゃん、静かにできたね。ママ助かったよ。有難う」**
そしてケイちゃんをギュ～とハグする。

大人でも子どもでも、「有難う」という感謝の言葉を言われると、とても嬉しいものです。自分が誰かのために役に立ったんだ、という実感も沸いて、次も人に感謝されるような行動をすることに繋がります。

効果絶大!

「有難う」は何度でも言いましょう

♥チャンスを奪わない

1m弱のところからジャンプしようとした子どもがいたら、「あぶない！」と制止しますか？（＊子どもの年がまだ3歳未満だったり、身長が1m未満な場合を除きます）

「あぶない、あぶない」と大人は言い過ぎではないでしょうか。ジャンプして着地に失敗したところで、運が悪くても、せいぜい擦り傷か、捻挫でしょう。

あぶない、といってジャンプをさせないでいることのほうが、子どもから学ぶチャンスを奪うという意味において、よっぽど問題ではないでしょうか。

物事はなんでもやってみなければわかりません。多少高いところからジャンプしたときの、あのジーンという足の裏にビリビリくる感覚、分かりますよね。なぜ分かるのか、それは経験したからです。

そして、友達と一緒に少し高いところからジャンプして、共有したあのジーンという感覚や、いっしょに少しのスリルを共有し、「やった！」と笑い合うことで、友達との距離が一段と縮まった時の嬉しさ。そんな経験が、大人になっても意外と覚えていたりするものです。

血液の味が鉄の味に近いことを知っています。それは、血も鉄もなめた経験があるからです。

足の裏のジーンとなった経験がなければ、どんな高さからジャンプしたら危険なのか、どこまでがＯＫなのか、分かりません。

つまり本当に危険なのはどこか、本当にやってはいけないことは何か、様々な経験をすることで、境界線が見えてくる場合が多いのです。

「過干渉」になりすぎ！　といわれることが多い今の日本の子育て、**子どもの前に赤いじゅうたんを敷いてあげて、その上を歩かせるようなことは、子どもにとっても良くないですし、親にも大きな負担がかかり、お勧めしません。**

「過干渉」は、ほめるチャンスを奪っているだけではなく、子どもが学ぶチャンスや、子どもがチャレンジするチャンスを奪ってしまいます。

木登りをしたい子を、あぶないからやめて、と止めますか？

木登りは、体の使い方を覚える勉強にもなりますし、木や葉にいる小さな虫や自然を見つけることもできます。

それに、木に登れた時のあの達成感や、木の上から見下ろした風景は、登らないと味わえません。


本当に危険なことや、人に迷惑がかかること以外は、なんでもやらしてみてください。そして、やってみた、という努力をまず認めて、ほめます。

つまり失敗しようが、やったということで、1回はほめるチャンスがあり、やってみた結果が良ければさらにプラスして、

「よくできたね、すごいね」と2度目の「ほめる」を行うのです。

ちょっとのことで、あぶない！　と禁止ばかりしていたら、この2度ほめるチャンスを奪っていることになります。


境界線を越えない限り、なんでもやらせてみることが大切です。

見守ることも大事です

あぶないと言わずに見守ることでチャンスを与えましょう

♥魚の釣り方を教えよう

4歳のエイちゃんが、大好きな子からお手紙をもらいました。

そのお手紙には、**「えいちゃんだいすきだよ」**と書いてあります。

しかし、エイちゃんは、ひらがながまだ読めないので、ママになんて書いてあるの、と聞きました。その時のママの答えです。


「ひらがなを勉強すれば、読めるようになるよ」


私はこの話を聞いたとき、エイちゃんのママがとても賢い方だと思い、感心しました。過干渉せずに、子どもに自分で考えるチャンスを与えている訳です。

その場で、お手紙の内容を読んであげるのは簡単ですが、もしまた手紙をもらったら、またエイちゃんは読んでほしい、とママを頼りにしてくるはずです。

おそらくエイちゃんのママはそのことを知っていて、あえてエイちゃんに、自分で勉強する意欲を持たせ、その気にさせて、**えいちゃんだいすきだよ、**という素敵なお手紙を自分で読めた時の感動を味わってほしい、と考えたのでしょう。
手紙の内容を知りたいがために、ひらがなを必至で勉強しているその後のエイちゃんの姿が、目に浮かびますよね。

魚をほしがる子には、魚をそのまま差し出すのではなく、魚の釣り方を教える。

そうすれば、子どもは自分で釣れる楽しさを知り、親に頼らず、魚を手に入れることができます。加えて、自分で釣った魚の美味しさは格別なもので、これは釣った人でなければ味わえませんから。

やり方を教える

自分の力で釣った魚のおいしさはきっと格別です

♥子どもに言うことを聞いてもらう方法

子どもをその気にさせましょう。
そのために、心のバケツを満たしてください。

「子どもが言うことを聞かなくて、困っています。どうすればいいでしょうか?」という質問は非常に多くいただきます。おそらく世界中の親が、この問題に一度はぶち当たっているのではないでしょうか。

私自身も子どもが二人いますが、言うことを聞かないこともありますよ（笑）。

これは、ある母親の話です。言うことを聞かない3歳の息子に、何度も言い聞かせ、様々な方法をためしましたが、それでも息子は言うことを聞いてくれません。困り果てた挙句、専門家に相談したところ、「まぁ子どもはそんなものですよ」と、諦めてくださいと上から目線で言われ、「そんなん知ってるわ!」と腹だけが立って逆効果だった、という話です。

本当にこの手の話は、「育児あるある」でして、似たような経験をされた方も、多くいるのではないでしょうか。

育児本やウェブ上では、子どもに言うことを聞いてもらうための、様々な方法が書かれていて、その多くは、

丁寧に説明しよう、目を見て話そう、まずは子どもの話を聞いてみよう、といったものです。そして、おそらく多くの方は、**「こんなの全部知っているし、やっているし、効果ないし！」**と、思ってらっしゃるのではないでしょうか。

前置きが長くなりましたが、子どもに言うことを聞いてもらう方法はあります。そしてこの方法は、今すぐ誰でも使えますし、子どものみならず、大人に対しても使え、将来を通じて役に立つ方法です。それが、

「その気にさせる」です。

文字にすればたった7文字、その気にさせる、とてもシンプルな方法です。

ダメ出ししたり、怒ったり、怒鳴ったり、叩いたりしても、相手はその気にはならず、逆にモチベーションが下がってしまいます。

その気にさせるために、嬉しい言葉や励ましの言葉をかけるのです。

そして、良い行動がでたら、すぐにほめてスキンシップをします。


はしゃいで走り回っている元気なユウちゃん4歳に、「静かにしていなさい」と言っても、聞きません。

では、ユウちゃんに対してどう言葉をかけるか？　ユウちゃんの年を考え、その気（静かにしようという気）にさせてみてください。

○「ユウちゃんが、ちょっと静かにしていてくれたら、ママ助かるな」

これは、もっともオーソドックスな、その気にさせる言い方です。ユウちゃんに、ママを喜ばせたい、という気持ちがあれば、静かにしてくれるでしょう。

○「ユウちゃん、静かにできるかな？」

自分で様々なことができるようになって、「できる」ということに喜びを感じている4歳児なら、このように、質問系にしてみてもいいかもしれませんね。「ママになんでもできることをみせてやるぞ！」という子どもの意欲を、うまく刺激した言い方だと思います。

○「ユウちゃんなら静かにできると思う」

これは上級者の言い方かもしれません。ユウちゃんを認めている言い方なので、「ママの期待に応えるぞ」と燃えてくれる子には、とても効果的です。

いずれの言い方の場合も、静かにできたら、そのことをほめて頭をなでるなどスキンシップをしてください。

そうすれば、次もその気になりやすく、良い行動に結びつきやすくなります。

その気にさせる

よし！　ママを喜ばしてやるぞ！

♥どうしても言うことを聞かない子に、とっておきの方法

外にでかければすぐグズりだし、食事をすれば食べ物を散らかしまくる。他の大人には全くなつかないし、他の子と一緒に遊べば他の子を叩いて泣かしてしまう……。

もうどうにも手におえない子で困り果てているという方、どうか自分を責めないでほしいです。自分の子育てが悪かったとか、自分の責任だ、などと思わないでください。

「ママの関心を、もっともっと自分に向けたい」という欲求が強いだけなのかもしれません。つまり、**冒頭にも書いた心のバケツが大きく、なかなか満たされない子なのかもしれません。**

そんなどうしても言うことを聞かない子に対して、オススメの2つのスキンシップを紹介します。

「こちょこちょ」と「高い高い」の2つです。

■こちょこちょ

この方法はとっても簡単で、誰にでも今すぐ、寝っころがりながらでもできます。子どもをこちょこちょとくすぐるだけですから、とても簡単です。

くすぐる場所は、お腹でも足でもかまいません。子どもが、思わず笑ってしまうようなところを、毎日のようにこちょこちょしてみてください。1日3分程度でも構いません。

そして、こちょこちょしているときのセリフは、「こちょこちょこちょぉぉ～」と楽しげな声を出すこと、さらに笑ってくれる可能性が高まり、効果大です。

■高い高い

古くから世界各国で使われている遊び方ですね。

子どもの体重にもよりますが、首が座ってハイハイができるようになった0歳児から5歳ぐらいまでの子なら、高い高いを頻繁にやってみてください。

やってみてお分かりの通り、高い高いをしている時、子どもと親の顔は一対一で向き合っています。多くの子どもは年齢に関わらず笑ってくれます。

子どもには、「ママは僕にちゃんと向き合ってくれてる」「ママ笑ってる」「上から見る景色おもしろい」「高いところから少し手を離したときのフワッとした感じ楽しい」と様々なプラスの思いが生まれるでしょう。


高い高いの動作と同時に、「高いたかーい！」とか「ワッーーー」などの楽し気な声と一緒に行うと、効果大です。

「高い高いは、体力的にシンドイ！」という方には、「低い低い」をお勧めします。

子どもを抱っこした状態で、膝をガクッと折るだけの簡単な技です。

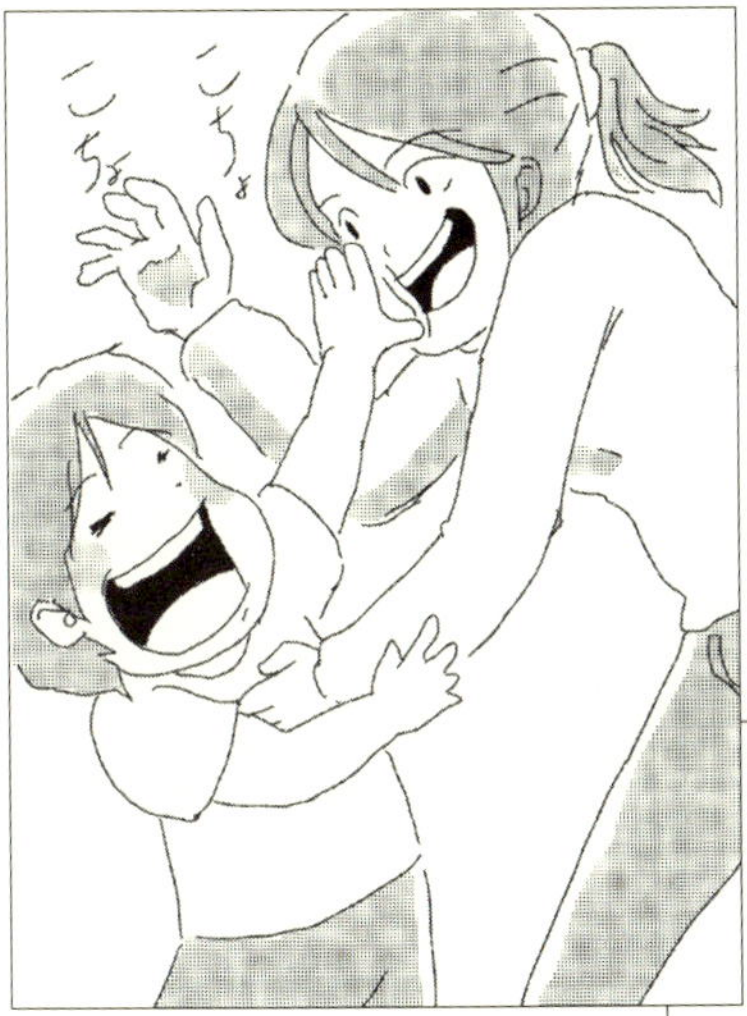

こちょこちょ

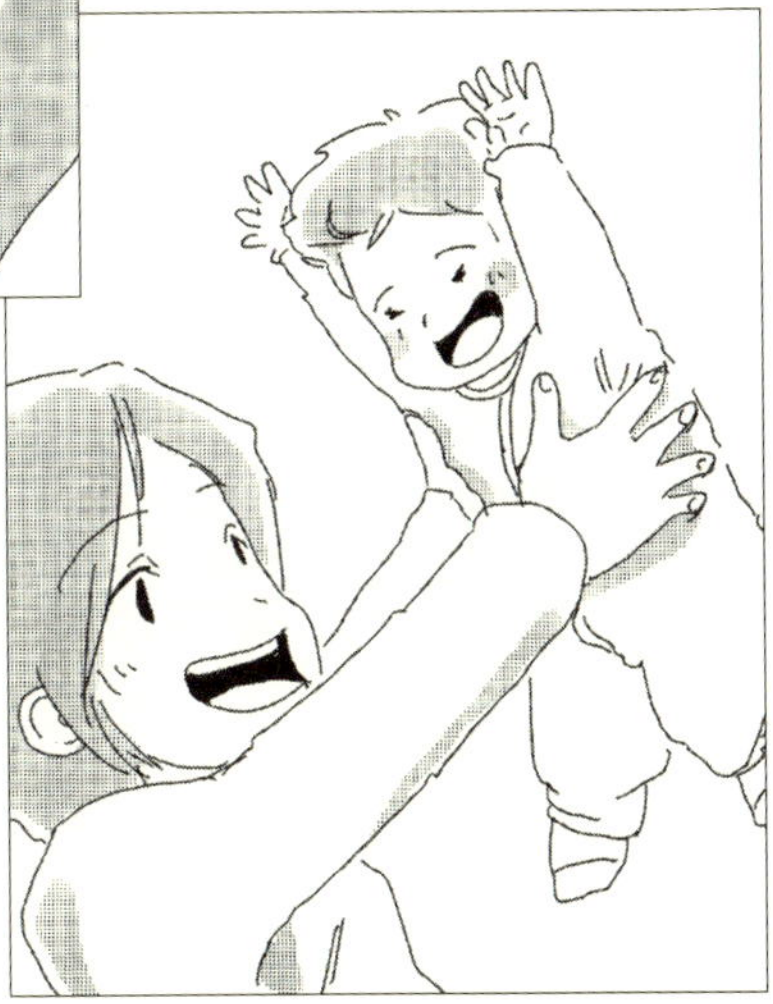

高い高い

親子にオススメの 2 つのスキンシップです

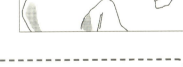

♥思わず親も子も笑ってしまう

「こちょこちょ」や「高い高い」は、親子のスキンシップです。

肌と肌がくっついている感覚、そこから伝わるぬくもりや温かさは大きいです。

こちょこちょしている時や、高い高いしている時の自分の顔を見てください。笑っていたり、半笑いしていませんか?

そうなのです、これらは怒り顔でやろうとしても、なかなかできません。やっているると、自然に顔がゆるんでしまうのです。子どもの顔と大人の顔が、向き合っている場合が多いので、それが、子どもにしてみたら、ママは自分に関心をよせてくれてるんだ、という感覚になり、欲求が満たされることになります。

「こちょこちょ」や「高い高い」で少しでも、その子の欲求が満たされ、手におえない子が、いたずら好きのワンパクな子ぐらいにまでなれば、大成功です。

表情で伝える

四章

絶対の愛・子育てのコツ

♥絶対の愛

自分の子どもに、

「なんで僕のこと好きなの？」と聞かれたらどう答えますか？

かわいいから？　やさしいから？　いい子だから？　どれも違いますよね。

かわいいとか、やさしいとかではなく、もっともっと大きい理由がありそうだし、本当は理由なんていらないのかもしれません。

しいて言葉にするなら、

「○○ちゃんが○○ちゃんだから」と言ったところでしょうか。

自分の子どもは、その存在だけで、理由なく好きで、いとおしいものです。

何があっても、どんなことが起きても、いかなる失敗をしでかしても、**「あなたが大好き」**という感情を、この本では「絶対の愛」と呼びます。

どうか子どもに、この絶対の愛を伝えてください。毎日伝えても、十分すぎることはないので、毎日言える方は毎日「好き」と伝えてあげてください。

毎日は無理という方は、数週間、数ヵ月に1回でもいいです。

とにかく、「何が起きようが、どんなことになっても、あなたのことが好きですよ。あなたのそばにずっといますよ」と伝えることです。


子どもは、ゆるぎない親からの愛情を受け取り、子どもにとっての心のよりどころとなります。

この愛があれば、子どもはどんな失敗をしても、くじけないでチャレンジしていき、自分らしく輝いていくはずです。

そして、この絶対の愛を受けた子は、大きく誤った道に進むようなことはないと思います。

あなたが大好き

親からのゆるぎない愛情が
子どもの心のよりどころとなります

♥「大嫌い！」と言われた時

子どもから**「ママなんて、大嫌い！」**と言われること、ありませんか？

スーパーでお菓子を買ってもらえなかった時とか、見たいテレビを見られなかった時とかに、多いですよね。

大嫌いと言われたら、即座に

「ママは○○ちゃんのこと、大好きだけどね」

と笑顔で言って返してみてください。（○○のところには大嫌いといった自分の子どもの名前が入ります）

そして、この返しをされた時の子どもの顔に、注目してください。

本当は嬉しいのに、がんばって嬉しくない顔をしようとしている、なんともかわいい顔が、見られるはずですよ（笑）

大好き返し!

子どもから「大嫌い」と言われたら
即座に「大好きだよ」と返してください

〈子育てに使える小技〉

子どもと一緒に自分の笑顔も増やしたい、という方に**オススメの小技**があります。

いくつか紹介しますので、使える方は是非使ってみてください。

♥小技①「ママが好きな人、だーれだ?」

車の中や布団の中など、子どもと二人きりになった時などに、「クイズです。ママが大好きな人だーれだ?」と聞いて、子どもに「○○ちゃんでしょ」と言わせます。(○○の中には子どもの名前が入ります)

そして、正解した場合は、笑顔で「正解!」と言うのがお決まりです。

このクイズは、子どもに「ママは僕のことが好きなんだな」と再認識させて、**いつでもどんな時も自分を好きでいてくれる、**という安心感を与えることができます。

ある程度大きくなった子どもに、3日に1度ぐらいの割合で、このクイズを出し続けていると、「もう知ってるよ、そのクイズ」と言われてしまうかもしれませんが、それでも言い続けるぐらい愛情たっぷりの子育てをしてみてはいかがでしょうか。

好きな人だーれだ

いつでもどこでも自分の味方という安心感が育ちます

♥小技②　今日の楽しかったこと、嬉しかったことシリーズ

これは家族全員参加の小技です。

夕食時など家族がそろっているときにやると効果抜群です。

やることは簡単です。まずママかパパが、**「今日の楽しかったこと、嬉しかったことシリーズ！」**と言うところから始まります。

そして、順番に、今日起きた出来事で楽しかったことや嬉しかったことを、発表するというものです。発表し終わったら、次の発表者を指名します。

全員が言い終わったら終了です。**家族が、楽しさや嬉しさを共有でき、全員笑顔になれます。**

例：パパ、ママ、６歳の子どもで夕食を食べています

ママ「今日の楽しかったこと、嬉しかったことシリーズ！」

パパ「パフパフドンドン！」（こういう合いの手をいれると盛り上がる）
ママ「じゃあ、ママからいこうかな。今日は、ハナちゃんが楽しそうに学校の用意していたところを見れたことが嬉しかったなぁ。じゃあ、次、ハナちゃん」
ハナちゃん「学校でお友達と一緒にドッチボールしたこと！」
パパ「お、いいねぇ。楽しかった？」
ハナちゃん「うん、すごく楽しかった」
パパ「じゃあ、最後パパだね。パパは仕事を早く終えることができて、ママやハナちゃんと一緒に、ご飯たべれたことが、一番うれしかったな」

と言う感じで、みんなでワイワイ楽しんでみてください。

楽しかったこと　嬉しかったこと

家族みんなで楽しさを共有する
時間をつくりましょう

♥小技③「にぃぃー」

単純ですが「にぃぃー」と言うだけです。

子どもの顔をみて、「にぃぃー」と少し大きめな声で、言ってみてください。「にぃぃー」と言うときは、口角を上げなければならず、自然と笑っている顔になります。

そして、その顔を見ながら、**「にぃぃー」という不思議な言葉を聞いた子どもは、なぜか笑ってくれることが多い**のです。

是非、羞恥心をすてて試してみてください。

言ったほうも言われたほうも、笑顔になれますよ。

にいいー

今日は怒ってばかり…という時はこれ

♥小技④　絵本の読み聞かせ（できればくっついて）

絵本の読み聞かせは、子どもの情操教育にも効果的で、様々な良い効果が実証されています。素敵な絵本は、読み聞かせている親の側も、絵本を読むことで、勉強になったり、感動して涙をながしたりと、心を豊かにしてくれます。

1歳をすぎたあたりから6歳ぐらいまで、約5年間は、子どもは絵本の読み聞かせを喜びますので、たくさん読み聞かせをすることをオススメします。

熱心な方だと、1万回の読み聞かせを目標にしている方もいらっしゃいますが、ここでは、**3千回を目標**にしてみましょう。

3千回を5年間で達成するには、だいたい1日1~2冊程度、毎日読んでいけば、達成できますので、それほど苦にはなりません。

そして、読み聞かせの際は、子どもとくっついて読んであげると効果的です。腕枕でもいいですし、ひざの上でもいいです。

3千回の読み聞かせを

読み聞かせは、親子のスキンシップになり、
心を豊かにしてくれます

♥小技⑤　かお相撲

子どもを抱っこした状態で、顔と顔をくっつけて、

「はっけよーい、のこった！」

この言葉と同時に、お互いの顔を押し付け合います。

押しつけきったほうの勝ちです。

2〜6歳ぐらいまでは使える技で、接戦にして、わざと負けてあげると、特に喜びます。

スキンシップにもなり、ゲーム感覚で楽しめる小技です。

かお相撲

ワァー！ ボクはママにかったぞ

ゲーム感覚のスキンシップです

♥小技⑥ おやすみ前に

夜、子どもと寝る前に、

「楽しいことや嬉しいことを考えて寝ようね。そうすれば、夢まで楽しくなりそうでしょう」

と言って寝かしつけることをオススメします。

「今日最後のおしゃべり」を楽しいことや嬉しいことにしたら、明日が待ち遠しくなりませんか。

寝る前の気分が夢にどのような影響を与えるか、科学的な根拠はわかりませんが、この言葉のあと、眠りについた子の顔をみると、少し嬉しそうなのです。

子どもにはいい夢をみてほしい、そんな願いを込めて。

いい夢が
みられますように…

どんな時もこの時間をつくりましょう

♥怒りを回避する

最初に、自分が若かったころのことを思い出して、次のことをイメージしてみてください。

○イメージA

あなたは、大好きな人と近所で人気のレストランに食事にでかけました。レストランの前は、入店待ちをしている人たちで、長蛇の列ができています。

大好きな人と、一緒におしゃべりをしながら、入店待ちをしていたら、割り込みをしてくる人がいました。

では次のことをイメージしてください。

○イメージB

あなたは数ヵ月前に好きだった人と別れて、今は一人です。最近は仕事でも上手くいってないので、気晴らしに美味しいものを食べに行き、人気のレストランで入店待ちをしています。そこに、割り込みをしてくる人がいました。

さて、ここで問題です。

イメージAの場合、あなたは割り込みした人に対して、怒る感情が沸くでしょうか？

大抵の人は怒ることなく、大好きな人との会話を楽しむのではないでしょうか。なんなら、大好きな人とより長くいられる時間がふえた、と前向きにとらえる方もいるかと思います。

では、**イメージBの場合**、どうでしょうか？

ただでさえ最近上手くいっていないのに、割り込みされて、カチンときてしまう方もいると思います。

この2つの出来事は、「割り込みをされた」という全く同じ状況ですが、全く別の感情を持ちます。

ここで、冒頭でお伝えした「心のバケツ」のことを思い出してみてください。

イメージAの場合、バケツは、楽しさや嬉しさやドキドキ感で一杯です。

ではイメージBはどうでしょう。おそらく、寂しさや悲しさ、仕事がうまくいかないモヤモヤ感などで、バケツの中は、カラカラに近い状態ではないでしょうか。**出来事は一緒、でもバケツの満たされ度が違うだけで、怒るか怒らなくて済むか、違ってくるわけです。**

大人にも心のバケツはあるのです。

もしバケツが満たされていなければ、リラックスすることや、自分を認めてほめること、好きなことでリフレッシュして、自分自身の心のバケツを満たしておきましょう。

では、もう1問。今度は子育て中の場合を想定しています。

〇イメージA：

「あなたは今日誕生日で、友人からお祝いされました。夕方になり、子どもの幼稚園に迎えに行きました。しかし、子どもはなかなか帰ろうとせず、このままだと夕食の準備が間に合いそうにありません」

○イメージB：

「あなたは、今朝、夫と喧嘩をしました。昼過ぎに夫から追い打ちをかけるような嫌なメールを受け取ります。夕方になり、子どもの幼稚園に迎えに行きました。しかし、子どもはなかなか帰ろうとせず、このままだと夕食の準備が間に合いそうにありません。」

このケースも、前回のケースと同様で、出来事は同じだけど、「バケツの満たされ度」が違います。

あなたはAの場合でもBの場合でも、子どもに対して、同じような対応ができるでしょうか？

Aの場合では、子どもに対して怒ることはありません。でも、Bの場合では、子どもに対して怒ってしまったらどうなるでしょう。

子どもは混乱しますよね。

「なぜママはこの間は何も言わなかったのに、今回は怒るんだろう」。

子どもにそのことを質問されても、「ママの機嫌が悪かったからよ！」とは言えませんね。

機嫌次第で怒ることは良くない、ということは大抵の方が知っているはずです。そうはいっても、機嫌が悪いとついつい怒ってしまう……。

その気持ちはわかります。しかし、子どもへのデメリットをよく考えてみてください。**親の機嫌や状況で、コロコロと態度が変わるようでは、子どもが常に親の顔色を見ながら行動してしまうようになります。**

また**機嫌によって発言が変わるようでは、親の持つ説得力も低下してしまうでしょう。**子どもの自主性を損ない、大人として説得力もなくなってしまう、という、2つものデメリットがあることを、改めて認識してみてはいかがでしょうか。

そういえば、自分にも覚えがあると感じた方は、今から、この瞬間から、**「自分の機嫌や気分で、子どもへの態度を変えない」**と決めましょう。

忘れっぽい人は、手帳にかいておきましょう。

自分の性格を温厚にするのには時間がかかりますが、自分の意識や考えか方を変えることは、今この瞬間からできます。

ここで、即効力のある怒りの回避方法を1つ紹介します。

「丁寧な言葉使いをする」ことです。

「静かにしろ！」というよりも、「静かにしようね」と丁寧に言うほうが、自然と心が静まり、怒らずにすみます。

普段から子どもには丁寧な言葉をかけてあげると良いでしょう。

最後に、怒りやすい状態についてお話しします。

子育て中の方たちにとって、**怒りが発生する大きな原因は、睡眠不足**です。

特に、まだ夜泣きをしている子を持つ親は、睡眠不足になりがちです。

そこでお勧めするのが、**「昼寝をする」**です。

昼寝の効果は、夜寝る時より3倍も疲労回復につながる、という研究結果もあるぐらいです。

椅子に座りながら10分間だけでも、昼寝をすると効果は大きいので、ぜひ実行してみてください。

大人にもバケツ

自分の心のバケツも満たしておきましょう

♥怒らないための考え方

保育園のお迎え時、仲良しの子と偶然一緒になり、子どもがその子と遊びまわり、全然帰ろうとしない状況をイメージしてください。

登場人物のAさんもBさんも**「心のバケツ」**は同様に満たされています。

○Aさんの場合

「何してるの！　早くして！」とおもわず言ってしまいます。

それでも言うことを聞かず帰ろうとしない子どもに、

「もう！　何度言ったらわかるの！　早くして！」

と怒鳴り無理やり、子どもに靴をはかせ、どうにか帰宅しました。

○Bさんの場合

はしゃぎまわる子どもたちを、しばらくは見守る。切りのいいところで、

「楽しそうだね。そろそろお友達と一緒に帰ろうか」

と言って、お友達と一緒に途中まで帰り帰宅しました。


明らかに違うAさんとBさんです。

この本を読んでいただいている方は、どちらになりますかと聞かれれば、答えはもちろんBさんですよね。

では、どうすればBさんのようになれるのでしょうか。

今すぐ温厚な性格になることは難しいかもしれません。しかし、自分の考え方を変えることは、今この瞬間からできます。


今回、子どもはなぜ早く帰ろうとしなかったのでしょうか。仲のいい友達と帰りが偶然一緒になり、その子と遊びたかったから、だと想像できます。

「そんなの保育園で何時間も一緒に遊べる時間あったじゃない！」

と思うかもしれませんが、行動にある程度の規制があり、遊べる範囲や時間が限られている保育園の中で友達と遊ぶことと、その制限から自由になり、規制がほとんどなく、仲良しの友達と遊べる帰りの時間は、子どもにとっては特別な時間です。

このような、大人には理解しがたいですが、子どもが大好きなこの時間を、**「マジックアワー」**と私は呼んでいます。

子どもにとって特別に楽しいこの**マジックアワーを「早く」と急かしたり、「ダメ」という禁止の言葉で奪ってしまうことのデメリットは、非常に大きい**のです。

子どもは自由な遊びの中で、いろんなことにチャレンジしています。

友だちと一緒に肩を組んで走ってみたらどうなるか、まだ歩いたことのない道を、友だちと二人だけで行ってみたらどうなるか……。

これらは子どもにとって、チャレンジであり、ちょっとした冒険のようなものでもあります。そんな特別な時間やチャレンジすることを、急かしたり禁止したりするのは、あまりにもデメリットが大きいのではないでしょうか。

そしてもう1つ強調したいことがあります。それは**「時間の概念」**です。

今回の場合、AさんとBさん、どちらがどれぐらい先に帰宅できたでしょう？

恐らくAさんの方が早く帰れたでしょう。しかし、現実には30分も帰宅時間に違いがあるでしょうか。

たった30分の違い、と考えるか、30分も違う！　と考えるかは、その方の考え方と思います。何かほかのことで30分ぐらい時間を短縮できれば、子どもの特別な時間を奪うことはしないで済みそうです。

あるいは、**「30分ほど帰宅が遅くなっても、子どもが楽しんでいるのならいい」**と思えるかどうかです。

♥子育ての価値

アメリカの調査会社が、家事・子育てをアウトソーシングした場合の費用を調べたところ、年間1200万円かかるという興味深い結果がでました。

この年収を稼いでいる人は、日本では5％もいません。

人の命を見守る子育ては、身体的にも精神的にも負担が大きく、価値があるものだと、この数字からもわかるはずです。

母親・父親を、仕事ととらえると、母親業・父親業は、交替のきかない仕事です。なぜなら、あなたの子どもの母親はあなたしかいませんから。

そんな大切で価値のある子育てですから、他の用事を30分削ってでも、30分ぐらい余計に子育てに時間をかけても、決して損はしません。

♥批判は怒りを呼ぶ

批判するより、「ほめて」「認めて」みてください。
その方が、効果的です。

二人の子どもを見ながら夕食の支度をして、夫を待っている状況を思い浮かべてください。

いつも、夫が帰ってきたらすぐ料理がだせるように、用意して待っているという設定です。

しかし、今日は、料理をしている最中に、二人の子どもがケンカを始めてしまい、その仲裁をしている間に、魚を少し焦がしてしまいました。

「やっちゃった～」と反省している時、夫が帰宅したので、家族全員で夕食を始めると、夫からため息交じりに一言。

「魚こげてるし、何やってんの」

こんな風に言われてしまったら、どう思いますか？

とっさに大抵の人は、「そんな言い方しなくていいじゃない！」と怒ってしまうはずです。

そして、いくら温厚な性格の持ち主でも、こんなこと言われたら、カチンときて、何か言い返してやりたくなるものです。

なぜなら、**魚が焦げた失敗は、自分が一番良くわかっているし、自分が一番やっちゃったと思っている**のです。

そこで、改めて人からダメ出しされたら、「あなただって、今朝ゴミ出し忘れたじゃない！」と、怒って批判返しをしたくなってしまうものです。批判は批判を呼び、怒りは怒りを呼びます。

そして、その批判や怒り声を聞いている子どもが泣き始め……という、「マイナスのサイクル」に陥ってしまうのです。こうなると、誰も得しません。

つまらない批判などせず、ほめ合って、認め合って、「プラスのサイクル」をまわしましょう。

批判は怒りを呼ぶ

子育てに大切なのは「プラスのサイクル」です

♥〝かわいそうおばさん〟の対処法

人の子育てに色々と言ってくる方には、大人の対応でスルーすることが正解です。

ある春の日、2歳の子どもを抱っこ紐に入れスーパーに行った時、レジ待ちしている見知らぬおばさんが、突然話しかけてきました。

「あら、靴下はいていないの。かわいそう。寒いでしょ。かわいそうよ」

こんな経験ありませんか？　おそらく、子育てをしたことがあるほとんどの人は、同じような経験をされていると思います。

いわゆる「子育てあるある」の1つですよね。私は、このような方を、〝かわいそうおばさん〟と呼んでいます。

この時も、出たな、〝かわいそうおばさん〟と心の中で思いましたが、

「暑がりで靴下はかせても、すぐ自分で脱いじゃうんですよ」と反論することは、しませんでした。

実は、私の後ろにいたもう一人のおばさんが、そのかわいそうおばさんに向かって、「子どもは足で体温調節するのよ。人の子育てに余計なこと言わないの」と注意し、私の気持ちを代弁してくれたのでした。〝親切なおばさん〟に感謝です。

この〝かわいそうおばさん〟はいたるところにいて、いろんなことを言ってきます。まぁ、おせっかいを焼くのが好きなのでしょう。

基本的に「私がしてきた子育ては、全ての人に適用する」と考えている人たちなので、気にせずに大人の対応で受け流しましょう。

その家庭によって環境は違い、時代によっても子育て方法は変化します。なにより、その子の心のバケツの中まで、〝かわいそうおばさん〟が見ているとは思えません。

自分の子の心のバケツを一番見てわかっているのは、子育て中の親だけですから。自信をもってください。

かわいそうおばさん

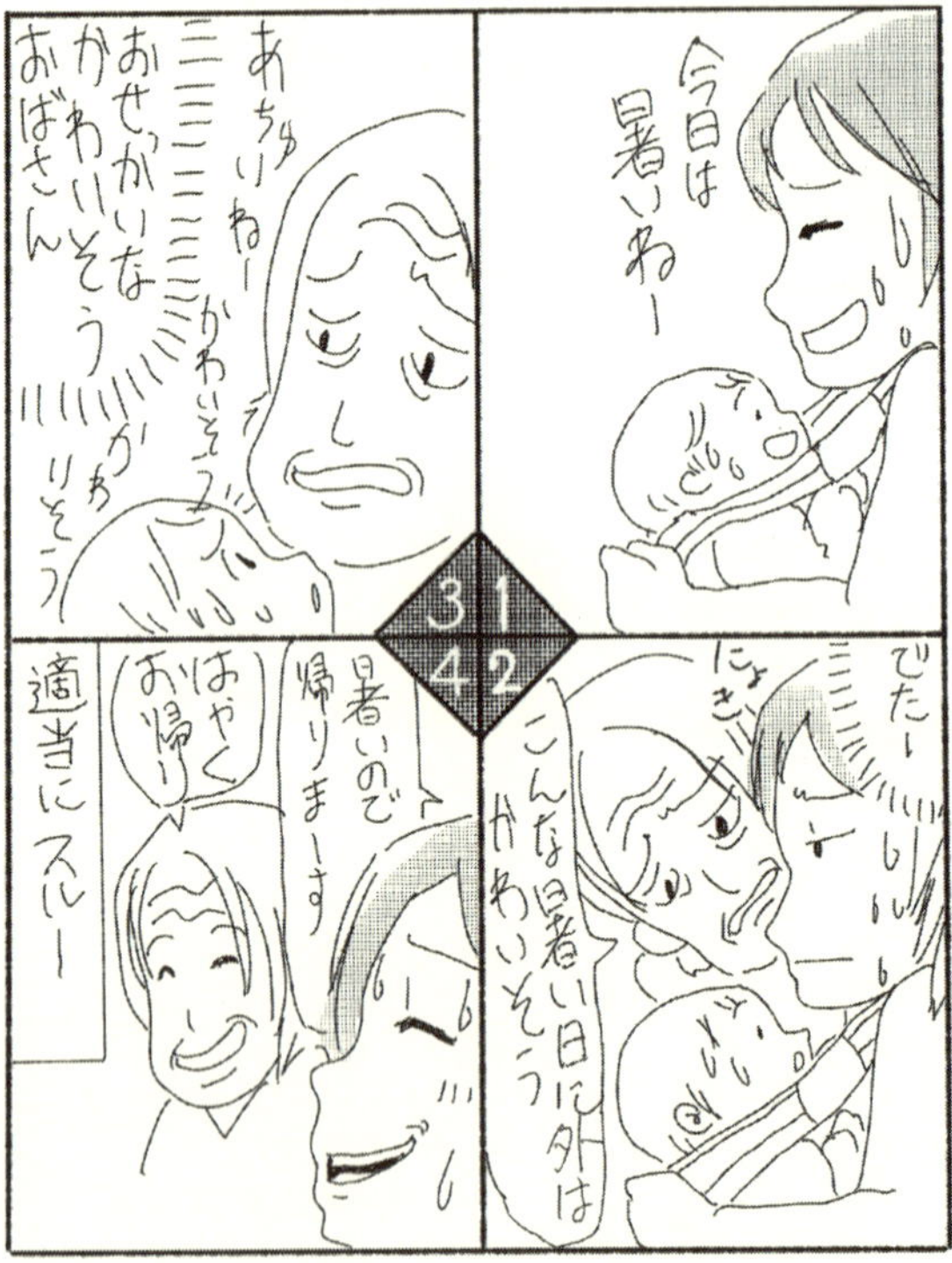

自分の子の心のバケツを一番見ているのは親の私です

♥パパも子育てを

ここからの数ページは、ぜひパパに読んでほしい内容です。

この本を手にしてくれた方がママなら、ぜひパパに、

「このページから5分だけこの本読んでみて」

と言って読んでもらってください。きっとパパの意識が少し変わるはずです。


多くのパパが毎日の仕事で体力を奪われ、お休みの時ぐらいはゆっくりしたいと思っていることでしょう。

それでもパパに子育てをお勧めしたい理由は、

「子育ては、自分の能力や世界を広げてくれる楽しいもの」だからです。

簡単に言えば、メリットがたくさんあり〝**お得ですよ**〟ってことです。

具体的にどんなメリットがあるのか、箇条書きにします。

・子どもからも、妻からも好かれる

下の図をみてください。これは妻の愛情曲線と言われている統計結果です。

パパが子育てをすれば、ママの愛情が増えることを表しています。

子どもはやがて大きくなり、巣立っていきますが、ママは生涯の伴侶です。

子育てをして、ママから好かれるパパになりませんか。加えて、子どもは自分と遊んでくれる人をどんどん好きになりますので、パパが子育てをすれば子どもからもママからもモテモテですよ。

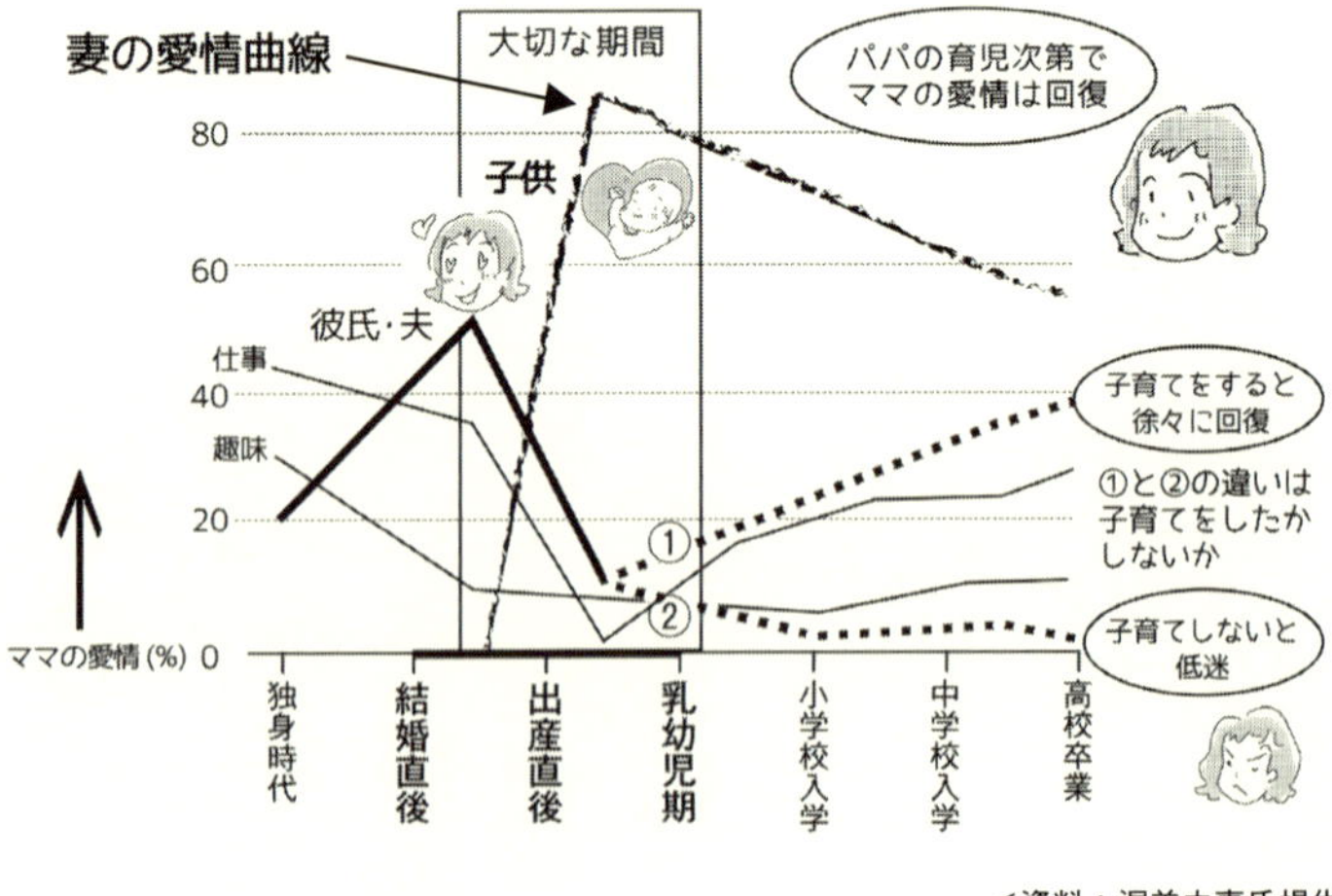

＜資料：渥美由喜氏提供＞

・友達や仲間が増える

パパ友とか、パパサークルという言葉をご存じでしょうか。

子育てをする男性が増える中、パパのネットワークは全国的に広まっています。子どもを通じて、仕事以外の付き合いを広めることができますし、生涯の仲間を、見つけることができるかもしれませんよ。

・コミュニケーション力が高まる

言葉が十分にしゃべれない子どもと、意思の疎通を図っていく子育ては、パパのコミュニケーション能力を高める絶好のチャンスです。

また、この本でも紹介している「ほめる技術」は、コミュニケーションの基礎であり、仕事で後輩を育てる場合や、上司との関係構築にも十分使えます。

子どもと妻を上手にほめて、コミュニケーション能力を高めてみてください。

・時間管理やマルチタスクの処理能力が高まる

「4時までに買い出しにいって、帰ってきたら洗濯物を取り込んで、料理を作って、6時に帰宅する予定のママを待とう」といった時間管理が子育てには必要で、パパの時間管理能力を高めることにも繋がります。

また、子どもをあやしながら部屋を掃除し、夕食の内容を考えるなど、マルチタスクを経験することで、マルチタスク処理能力が高まることが期待できます。

・子育てや教育への投資はリターンが高い

子育てや教育に関して、様々な研究結果がでており、「教育への投資は非常にリターンが高い」と言われています。中でも就学前の乳幼児への投資は、最もリターンが高いという結果もあるほどです。

自分のリソース（資源）を、子どもに注いでみませんか。将来的にお得ですよ（笑）

どうでしょう。ざっと挙げただけでも、こんなにメリットがある子育ては、とても魅力的ですよね。

しかも子育てはとっても楽しいものです。仕事一筋という生き方も、もちろんあるとは思いますが、仕事も子育ても両方楽しむ、という生き方はカッコイイと思います。

子育てに関わることができるのは、子どもが0歳~10歳（小学校高学年ぐらい）の約10年間ぐらいです。

中学生ぐらいになってから関わろうとしても、「オヤジ、うぜぇ」とか言われて、関わることができなくなっちゃいます（泣）

人生を80年と考えると、子育てに関わることができる10年は、人生の1割です。

たった1割です！

たくさんの魅力が詰まった子育てを、始めてみませんか。きっとパパの世界を広げてくれると信じています。

ここまで読んで頂いたパパ、それだけでも立派だと思います。

折角なので、あと2分だけお付き合いください。どうしてもこれだけは、伝えておきたいことがあるのです。それは、**パパのNGワード&NG行動**です多くのママが、パパに言われて「カチンときた言葉ワースト・ランキング」に挙げているものが次の言葉です。

×「子育て手伝おうか？」

これがなぜカチンとくるのか。二人で生んだ子ですから、二人で育てて当たり前、と考えるのは自然ではないでしょうか。

ついでにもう一つのNGワードは、

×「家族サービス」

休日を家族と一緒に過ごすことを家族サービスと言うパパがいますが、ママからすると、「何目線で言ってるの！」となります。

家族サービスなどと言わずに、家族で楽しい時間を過ごしてください。

続けて、NG行動にいきます。NG行動第1位は、

×「分析&解析」です。

たとえば、ママから育児の愚痴を聞いたとき、

×「それは君が8割いけないよ」

などと、言ってはいけません。何割の確率とか、こうだからこうなったとか、こうすれば解決に繋がるとか……。

全部いりません！　ママは共感をほしがっているだけ、です。なので、

○「それは、大変だったね」

などの共感を言葉にして伝えてください。

男性は子育てに向いていると、私は思います。

多くの男性は、子どもの行動を「大目に見る」ことができるからです。

細かいことを言わずに、なんでもやらせてみよう、という冒険心やチャレンジする気持ちを尊重する方が、男性には多いです。

それとは対照的に、子どもを優しく包み込み守っていく、という感覚を持っているのが、女性には多いのではないでしょうか。

これら2つの感覚は、ともに貴重なものですよね。

なので、パパとママが協力し合って育児をしていくことは、子どもにとっても、大きなプラスになると思います。

パパ大好きだよ

男性は子育てに向いています

♥仕事と子育ての両立方法

「働き方改革」が叫ばれている昨今、仕事をしながら子育てをしている人は、年々増えています。

ここでは、仕事と子育てを上手く両立するためのコツやヒントをいくつか紹介します。全ての方に有効、というわけではないので、使えそうなところだけ、使ってみてください。

○時短やフレックスをフル活用し、育児に使える時間を生み出す

朝早くから、夜遅くまで仕事をしている方に、平日の子育ては、無理です。

子育ても仕事も両方やると決めたら、時短やフレックスなど、使える制度は全て使い、子育ての時間を増やすことをお勧めします。

○共感してくれる仲間を増やす

多くの仕事は、チームや同僚との共同作業になっていると思います。

子育てにも、共感してくれそうな人に事情を説明し仲間になってもらい、子どもの急な発熱など、いざという時、仲間を頼りにできる状態にしておきましょう。困った時に助けてくれる仲間は、本当に頼りになります。

○時間ではなく成果をアピールする

残業＝美徳、という考えを未だに持っている方は、もうあまりいないと思います。世界的に見ても、仕事は成果で測ることが、ビジネス界の共通認識となりつつあると言えます。

仕事と子育てを両立するママやパパは、ほとんど残業できません。その代わり、短時間で成果をしっかりだし、それを分かりやすく可視化していくことで、生産性をアピールしてください。

簡単に言うと、「やることやってますよ」というアピールです。そうすれば、残業を断っても文句を言われることが減るはずです。

♥がんばらない、無理をしない

大変な仕事である子育て、それを毎日毎日いつ終わるかもわからない中で、やり続けているママやパパは、本当に立派です。

中には、「がんばれ！　がんばれ！」と言われることを、辛く感じる方もいらっしゃるかと思います。

子育てをしている方を全肯定している私は、子育て中のママやパパに**「がんばらないで大丈夫ですよ」**と逆に声をかけたいと思います。

つまり**「がんばらない、という選択肢だってありますよ」**とお伝えしたいのです。

「できることなら、楽をしたい」、そう思うことは、怠惰でもなんでもなく、自然だと思います。

がんばり過ぎたり、無理をして体や精神を壊してしまうぐらいなら、がんばらず無理のない自然体で、自分なりの子育てを楽しんだ方が良いと思います。
子どもへの思いが強く、まじめな性格の方が、もっともっとがんばらなきゃ、と思うこともわかりますが、時には、掃除や洗い物をしないで、だらけたって、私は良いと思います。

活発な子が毎日のように「ねぇ外であそぼ、外いこう!」と言ってきても、毎回子どもの要求を、無理して受け入れる必要はないと思います。
体力的にシンドイ場合は、「今日はおうちで、タヌキ寝入り遊びをしよう」などと、寝そべってでもでき、かつ体力を使わない独自の遊びを作って、子どもと遊んでみても、外で遊ぶことよりも、新しい発見があるかもしれません。

楽で楽しければ、自分が笑顔になりますし、その笑顔をみている子も、きっと笑顔になってくれるはずです。

がんばりすぎない

「がんばる」から「がんばらない」に
スイッチ切りかえ

♥遊びの余裕が大事

車のハンドルには「遊び」というものがあります。

ハンドルを右に回せば、車は右に動きます。しかし、ハンドルをほんの少し（1cmぐらい）右に回しただけだと、車は右に動かず、まっすぐ走ったままです。

私は、この1cmぐらいの部分を、「遊びの余裕」と呼んでいます。

この遊びの余裕がなかったらどうなるでしょう。

何かの拍子で、ハンドルをほんのちょっと右に回してしまった場合でも、車はすぐ右に動いてしまい、運転が非常に難しくなります。


子育ても一緒じゃないでしょうか。

何事も完璧に、という考え方は分かります。しかし、全て完璧をめざして、何かの拍子でできなかった場合、大きな挫折となって自分を責めてしまい、そのことで自信をなくしてしまったら大変です。

遊びの余裕があるから、大きな問題や事故をさけられる場合があります。様々なことを大目に見ることで、窮屈なストレスから解放されることもあると思います。

確かに、「子育てや家事を全部完璧にできた」というのはすごいことですが、少しできなかったり、やり残しがあったとしても、「遊びの余裕を残したのさ」と、前向きにとらえてみてはいかがでしょうか。

子育てでイライラしてしまう場合は、子育てを気楽に考えてみるのも、ひとつの方法だと思います。その時に、遊びの余裕、を少し取り入れてみてください。

気楽な子育てを

子育ては全力投球よりも遊び心があっていい

♥スマホ&テレビなし育児

私事で恐縮ですが、スマホやテレビがない生活を、2年以上続けていますので、簡単にレポートします。結論から言うと、

スマホ&テレビなし育児は、
静かにのんびり子育てしたい方に、オススメです。

私はもともとスマホを持っていない人間なので、スマホなし育児は、自然スタートでしたが、テレビなし育児のスタートは、引越しをしたことがキッカケです。

引越し先で、テレビが有料じゃないと見られないことが判明し、この際だからテレビなしで生活してみよう、と思ってやってみたのです。

テレビなし育児を始めてみると、テレビがない静けさを、改めて実感しました。

テレビがないので、新聞を2社から購読して、情報を得ています。

朝、コーヒーを飲みながら新聞を読んでいると、「ホーホケキョ」とウグイス

の鳴き声が外から聞こえ、それが素敵なＢＧＭになったりします。テレビの音が聞こえない代わりに、風の音、雨の音、遠くで大工さんが家を作っている音など、今まで聞こえなかった素敵な音が聞こえてきて、人生の豊かさを感じています。

妻からスマホを借りていじっていると、30分ぐらいはあっという間に立ってしまう私が、もし自分のスマホを所有すれば、１日に１時間はいじってしまうと思います。スマホを持たないことで、その１時間をうかせたい、というのがスマホなし生活を送っている理由です。

テレビも同様で、１日２時間ほどテレビをつけていた私ですが、テレビなし育児により、１日１時間の余分時間を手に入れることができました。

この１時間を、家族や読書などの趣味に使うことができて、バタバタしていた生活が、少しだけ落ちつきました。

静かに暮らしたい、自由な時間を増やしたい、スローライフをしてみたい、という方には、スマホ＆テレビなし育児はオススメですよ。

スローライフ育児のススメ

たまにはスマホから離れて
ゆっくりと子育てしてみてください

♥You can do it

あなたならできる、という英語です。オバマ流です。

子どもに、あなたならできると伝え、自信を持たせることが、最も大切だと思います。

1日3回ほめることで、よい行動をひきだし、結果として、親が怒らなくなる、という、今すぐ実践できるシンプルな方法を、この本では紹介してきました。

そして、この本の最後でお伝えしたいのは、

「子どもに自信をもたせてほしい」ということです。

ここで言う自信とは、勉強やスポーツができるといった自信ではありません。

・生まれてきて正解
・自分は必要とされている
・自分には存在価値がある

・自分は大切にされている

といった自信を、子どもに持ってもらうことが大切です。

これらの自信を持っている子は、本当に生き生きと輝いて見えます。

そして失敗しても、くじけず、あきらめず、次々と面白いチャレンジを繰り返します。

子どもを、ほめて認めて、あなたならできるよ、と最後まで信じ続けて、この自信を子どもに持たせ、子どもを輝かせましょう。

この本をここまで読んでくれた勉強熱心な「あなたならできる」と、私は信じています。

あとがき

本書を最後までお読みいただき有難うございました。

冒頭にも述べましたが、私は二度の育休を取りました。

さて、その育休から職場に復帰した際、当時の上司から言われた言葉を今でも覚えています。

「十分休めましたか？」

その上司は、何も悪気なく、自然とこう言ったのです。

子育てをしたことがない人にとって、子育てのために会社を休む「育休」ですが、なぜか、リフレッシュできる休暇と誤認されがちなのです。

「泣きやまない子どもをおんぶしながら、ウンチまみれの子ども服を洗い、風呂場や部屋の掃除をしている姿」を、この上司は想像できなかったのでしょう。